黔学十讲

QIANXUE SHI JIANG

主编 赖全 兰秋林

湘潭大学出版社
XIANGTAN UNIVERSITY PRESS

图书在版编目（CIP）数据

黔学十讲 / 赖全，兰秋林主编. -- 湘潭 : 湘潭大学出版社，2025.1
ISBN 978-7-5687-0806-7

Ⅰ. ①黔… Ⅱ. ①赖… ②兰… Ⅲ. ①地方文化—贵州—高等学校—教材 Ⅳ. ①G127.73

中国版本图书馆 CIP 数据核字（2022）第 114981 号

黔学十讲

QIANXUE SHI JIANG

赖全 兰秋林 主编

责任编辑： 王正杰　夏艺真
封面设计： 李　平
出版发行： 湘潭大学出版社
社　　址： 湖南省湘潭大学工程训练大楼
电　　话： 0731-58298960 0731-58298966（传真）
邮　　编： 411105
网　　址： http://press.xtu.edu.cn/
印　　刷： 长沙创峰印务有限公司
经　　销： 湖南省新华书店
开　　本： 787 mm×1092 mm 1/16
印　　张： 11
字　　数： 197 千字
版　　次： 2025 年 1 月第 1 版
印　　次： 2025 年 1 月第 1 次印刷
书　　号： ISBN 978-7-5687-0806-7
定　　价： 58.00 元

贵州省金课“黔东古韵”教学内容改革成果

序 言

为什么要推进黔学建设？北有京派，南有沪派；福建有闽学，四川有蜀学，湖南有湘学。一地有一地的人文气质，一地之学有一地之学的特点。凝练出一地之学的人文特质，是加深对中华民族整体性认识的重要组成部分，是铸牢中华民族共同体意识的文化举措。经过诸多黔地学者名贤的大力倡导，黔学建设已经取得一系列重要成果。

在学习黔学的重要内容之前，有必要先理清楚一个问题：什么是黔学？贵州当代重要的文化学者顾久先生认为，对黔学的理解可以从对国学的认知中获得参照。国学一词最早由日本人提出，用来与讲经世致用的兰学、讲修身治国的汉学相区分，专指日本的本土文化相关学问，目的是提升日本的文化主体性，与中国和欧洲的文化相抗衡。中国引入国学一词，早期也是含着与欧美强势文化相抗衡的意味。黔学一词延续的是中国古代的知识传统，即按地理区域对依托一地的人文特质所形成的学问体系进行命名。闽学、湘学、蜀学、关学都是这种知识传统的产物。因此，黔学与国学一词不同，内涵中不带有与外来文化相抗衡的意味。如今，随着中华民族走向复兴，国学一词中与外国文化相抗衡的意味已趋于淡化，逐步回归中国古代的知识传统。顾久先生对黔学做了精准定位，提出：黔学是为了让贵州人有一种文化自觉，对本土的文化有自知之明，在此基础上形成文化自信。

龚鹏程先生曾把国学界定为汉民族精英以文本的形式记录下来的学问。集中体现为经、史、子、集四大部类的经典以及音韵、训诂、校勘等基础性的辅助学问。相应地，陈福桐先生特别推崇贵州的方志学、诗学、禅学。古代贵州用汉字记录的学问确实集中体现在这三方面。但是，中华民族的文化瑰宝不只是以汉字的方式记录在文本上。文化留存的载体有文献、文物、文俗。汉字记录的文本只是中华文化瑰宝的一个组成部分。汉字文本之外，还有以少数民族文字记录的文献以及重见天日的文物、活态传承的文俗。如果把国学、黔学局限为以汉字的方式记录在文本上的学问，就把少数民族的文化、民间群众的文化都割裂出去了。如今，总体上已形成学术共识：把国学理解为中华优秀传统文化。各民族文化和民间优秀文化理应纳入国学的范畴之内。相应地，黔学则应理解为黔缘优秀传统文化。黔地优秀传统文化包含四个方面的内涵，即黔学有四个方面的内涵规定性。首先，从"人地有黔"的维度理解黔学。黔学包括黔人创造的文化，可以是黔人在贵州创造出来的，也可以是黔人在外地创造出来的；黔学也包括外省人，甚至是外国人，在黔地创造的文化。其次，黔学研究的是优秀的文化，是文化中的精华，而绝不包含阻碍时代发展的糟粕。再次，黔学研究的是传统文化，在时间上有一个界限，新民主主义革命以来的文化不应纳入黔学范畴。最后，黔学研究的是文化，即主要关注的是人文领域的学问，重点考察人文精神的觉醒和传承发展。所以，黔学既要有黔缘，又要是优秀，也要是传统，还要是文化。

《黔学十讲》无法涵括黔学的方方面面，只是挑选了黔学中较具代表性的十个方面进行展示，主要是让读者对黔学有浮光掠影式的体验。贵州人文精神的内核为"天人合一，知行合一"，贵州的阳明文化集中体现"天人合一，知行合一"的人文精神。故而，《黔学十讲》第一讲便是阳明文化，由赖全编著，概要地梳理了黔中王门的历史发展。贵州人文精神由黔中大地上的历代全体人民创造，但是，不可否认的是，贵州人文精神主要由贵州的官绅精英总结提炼，最后由当代贵州人升华后正式提出。书院是贵州古代官绅精英探讨人文精神的重要场所，所以，书院文化成为黔学的重要组成部分。而诗词是贵州古代官绅精英表达人文情怀的重要方式，所以，诗词文化也成为黔学的重要组成部分。家训则是贵州古代官绅精英践行人文精神的主要形式，所以，家训文化也成为黔学的重要组成部分。于是，《黔学十讲》第二讲、第三讲、第四讲分别由洪頵、肖峰、龙开义编著，简要介绍贵州的书院文化、诗词文化、家训文化。古代贵州的官绅精英包含两个主要群体：乡贤和土司。这两个群体创造的文化富含贵州人文精神相关元素。因此，《黔学十讲》第五讲、第六讲由廖延林、高应达编著，解读乡贤文化和土司文化。官绅精英总结提炼贵州人文精神，农人和匠人则是创造、践行贵州人文精神的两个最庞大的群体。《黔学十讲》第七讲、第八讲由赵斌、兰秋林编著，专注解读农耕文化和工匠文化。如果说阳明文化以理的形式呈现贵州人文精神，那么丹砂就是以物的形式呈现贵州人文精神，而建筑就是以形呈现贵州人文精神。《黔学十讲》第九讲、第十讲分别由赖全、龙智先编著，解读丹砂文化和建筑文化。

当前，黔学的研究尚未系统化，黔学的知识体系还没有建立。《黔学十讲》无法呈现黔学的全貌。阅读《黔学十讲》，就如骑马从门前疾驰而过，扭头向黔学百花园瞄了一眼，走马观花而已。但是，即使只是一眼，也可能一眼千年，穿过历史的门廊感受到黔学的魅力。若能有更多的人通过《黔学十讲》与黔学建立斩不断的情缘，本书编者也就心满意足了。《黔学十讲》只是一块砖，编者大胆抛出，只为引出更多的黔学珠玉。若能实现这一目标，《黔学十讲》也就完成了自身的使命。

最后，诚挚感谢一直以来关心支持《黔学十讲》出版的各位友朋。特别要感谢王正杰主任对编者的厚爱，数年间不辞辛劳，为《黔学十讲》的出版付出巨大心血。

目　录

CONTENTS

丹砂文化篇

建筑文化篇

阳明文化篇

第一讲 知行合一 天人合一

【学习目标】

深刻理解阳明文化的历史贡献和时代价值；树立起对家乡的眷恋情怀和对祖国的热烈感情；以王阳明、李渭等前贤圣哲为榜样，铭记教诲，树立正确的世界观、人生观、价值观，以高尚的道德引领进步。

【学习重点】

阳明心学的思想要旨，黔中王门的传承演变，李渭思想的核心内容。

【学习难点】

郭子章所撰《李渭传》的词句理解，王阳明所撰《答顾东桥书》的段落大意。

【学习例文】

李渭传

李渭，字湜之，思南府人。

公生有异质。十五病肺，屏居小楼。溽暑，散发箕踞[1]。父中宪公富以“毋不敬”[2]饬之。即奉而书诸牖[3]，目在以资检束。第[4]觉妄念丛起，中宪又以“思无邪”[5]饬之，又奉而书诸牖。久之，妄念渐除，恍惚似有得。

及下楼，与朋友笑谈，楼上光景已失。于是专求本心。未与人接，自问曰：“如何是本心？”既与人接，又自问曰：“本心是何如？”

嘉靖甲午，举于乡，萧然布素[6]。计偕[7]，以一仆自随。读《孟子·伊尹耕莘章》，则曰：“尧舜，君民事业，自一介不取；始交际，岂可不谨。”癸卯，蒋公信视学贵州，公谒[8]之，因陈楼上楼下光景。蒋公曰：“楼上是假，楼下与朋友谈笑却真。”至“一介不取”，蒋公曰：“此犹然楼上意思在，硁硁然[9]小人哉。”公愧甚，以为学十四五年，只成得一个硁硁小人，不觉面赤，背汗淋淋也。

由华阳知县，和州知州，擢高州府同知。至则谒湛甘泉先生[10]于小嵎洞中[11]。尝宿廉州公署，梦三蛇绕身，亟挥杖，蛇乃走。诘朝[12]，合浦吏以美珠进，化州、吴州吏以兼金[13]进。公皆叱之。笑曰：“三蛇梦破矣，金珠非宝，固吾人蛇蝎哉。”

擢应天治中南户部[14]员外郎，知韶州府。先是，韶有二源之役[15]、崔苻之警[16]，未殄。公集诸僚，谕之曰：“夫子告康子‘不欲’二字，千古弭盗张本；倘多欲，则身为溪壑，竭民膏脂，不足以填，百姓安得不盗？弭山中盗易，弭心中盗难，敢忘自责？”闻者悚息。

入觐，过麻城，从楚侗先生[17]登天台。楚侗示八语：近道之资，载道之器，求道之志，见道之眼，体道之基，任道之力，宏道之量，达道之才。八者，缺一不可。对曰：“渭于八者，独媿[18]见道眼未醒耳！”锲“必为圣人”四字印，而布之海内。尝曰：“孔子毋意，孟子不学不虑，程子不著丝毫人力，皆是不安排；知毋意脉路，即日夜千思万索，亦是毋意；知毋丝毫人力脉路，即人一己百、人十己千，如此用力，实无丝毫人力；学是学此不学，虑是虑此不虑，知得不学不虑脉路，任人只管学、只管虑，都是不学不虑。”

擢滇左参政。近溪罗公[19]为屯田使。公至，与之合并精神，学益进。自言：“予昔日工夫，亦有起灭，被近溪大喝，通身汗浃[20]；从出这身汗，自是欲罢不能。”

所著有《先行》诸集，藏于家；《大儒治规》，行于世。

【注释】

[1] 箕踞：古人席地而坐，随意伸开两腿，像个簸箕，是一种傲慢不敬的坐法。

[2] 毋不敬：出自《礼记》，指不要做不恭敬的事。

[3] 牖：窗户。

［4］第：次第，继而。

［5］思无邪：出自《论语》，孔子对《诗经》宗旨的概括，指思想纯正无邪念。

［6］布素：衣着简朴。

［7］计偕：指举人赴京会试。

［8］谒：拜见。

［9］硁硁然：象声词，形容石头撞击的声音。

［10］湛甘泉先生：湛若水，字元明，号甘泉，广东增城人。儒学宗师，王阳明学友。

［11］小嵎洞中：湛若水修学之处，后人曾在此处建文简祠纪念湛若水。

［12］诘朝：次日早晨。

［13］兼金：质量好的金银，或指金银的数量很多。

［14］南户部：南京户部的简称。明代，南京为留都，与北京一样，也设立了六部等机构。

［15］二源之役：明代矿民因不堪压迫，入山为寇。李亚元领导河源、翁源两地矿民反抗压迫，大规模对抗官府，引来强力镇压。

［16］萑苻之警：春秋时郑国的沼泽地带，逃亡民众常聚集于此对抗官府，故而后世常用此典故指代民众啸聚山林。

［17］楚侗先生：耿定向，字在伦，号楚侗，湖北黄安人。阳明门徒，心学大师。

［18］媿：古同“愧”。

［19］近溪罗公：罗汝芳，字惟德，号近溪，江西南城人。阳明门徒，心学大师。

［20］浃：湿透。

【译文】

李渭，字湜之，思南府人。

李渭生来就有奇异特质。十五岁患有肺病，避客独居小楼。夏天，潮湿闷热，于是披散头发，盘腿歪坐。父亲中宪大夫李富以“毋不敬”训斥李渭。李渭听训之后，立即把“毋不敬”写在窗户上，目的是用来警示自己。而后，李渭感觉总是胡思乱想，李富又以“思无邪”训斥之，李渭又恭敬地写在窗户上。久而久之，妄念消失，恍惚之中似乎有所体悟。

等到病愈下楼，与朋友谈笑风生，楼上独居时的体悟则消逝了。于是，李渭专注探求内在心灵本性。没有与朋友谈笑时，李渭自我剖析“怎么样是心灵本性？”开始与朋友谈笑后，李渭自我剖析“心灵本性是怎么样？”

嘉靖甲午年，李渭参加乡试中举，仍然随性洒脱，衣着简朴。赴京参加会试，仅仅带一名仆人随行。李渭读到《孟子·伊尹耕莘章》，感叹道：“学尧舜，博取功名，建功立业，这不是我的追求；现在刚进入社会游学交往，怎么可以不处事严谨。”嘉靖癸卯年，蒋信赴任贵州提学副使，李渭前往拜见，说到自己独居小楼时的体悟和之后的认知。蒋信说：“独居小楼的体悟是虚的，下楼后与朋友的谈笑风生却是真实的本心。”李渭又说“功名不是我的追求”，蒋信说：“这和你独居小楼的体悟一样，不过是不成熟的浅薄见解。”李渭非常惭愧，觉得辛苦求学十四五年，只是学到一些不成熟的浅薄见解，不自觉地面红耳赤，紧张得大汗淋漓。

李渭先担任华阳知县与和州知州，后升职高州府同知。一到高州府，李渭就前往小嵎洞拜见儒学宗师湛若水。李渭曾夜宿廉州官衙，梦见三条蛇绕身游走，急忙挥棒驱赶，蛇才逃走。第二天早晨，合浦的地方官送来珍珠，化州、吴州的地方官送来金银财宝。李渭一概训斥。李渭笑着说：“三蛇绕身游走的梦破解了，金银珍珠不是财宝，送这些贿赂的人就是蛇蝎啊。”

李渭升任应天留都南京户部员外郎，转任韶州府。之前，韶州爆发了以河源、翁源为中心的二源之役，民众对抗官府的警戒没有消除。李渭召集僚属，进行诫勉：“孔夫子告诉季康子‘不要放纵欲望’，这是千百年来消除盗贼匪寇的根本；如果放纵欲望，则身体就是深渊，即使耗尽民脂民膏也填不满，欲壑难填，老百姓怎么不会选择做贼？清除山里的盗贼容易，清除心中的盗贼很难，能不时时自我反省吗？”僚属听了深受启发。

李渭进京面圣，路过麻城，与楚侗先生耿定向登天台山。耿定向启示八句话：亲近道的天资，承载道的器量，寻求道的志向，发现道的眼力，体悟道的根基，实践道的能力，传播道的胸襟，实现道的才学。八个方面，缺一不可。李渭听了，说：“这八个方面，我独独惭愧在缺乏发现道的眼力。”李渭刻“必为圣人”印章，四方传布。李渭还常说：“孔子强调不要刻意，孟子强调不要僵硬地学和不要固执地想，程子强调不要有丝毫故意的人为痕迹，这些都是教人不要刻意而为；明白了孔子不要刻意的思想要旨，即使日夜思虑万千，也是没有刻意；知晓程子不要有丝毫故意的人为痕迹的思想要旨，即使自己所做的百倍、千倍于人，实际上也是没有丝毫的刻意人为；学是学习这种不刻意的学问，思考是思考这种不刻意寻思的宗旨，如果做到了，学得再多，思考再多，那也是没有刻意地学和想。”

李渭升职云南左参政。当时，罗汝芳任职云南屯田使。李渭到了之后，与罗汝芳共同砥砺磨炼，学问更加精进。李渭说：“我从前的修学，也有时觉悟有时迷茫，被罗近溪大喝一声，通身汗流浃背；自从出了这身汗，对提高学问的兴趣更深了，更加欲罢不能了。”

李渭撰写有《先行》等文集，收藏在家中；还编写了《大儒治规》，流传于世。

【文化解读】

此篇《李渭传》为郭子章所撰。郭子章，字相奎，号青螺，江西省吉安市泰和人，曾任贵州巡抚。本文选自夏修恕和周作楫编撰的《道光思南府续志》。

文中所写人物李渭，字湜之，号同野，贵州省铜仁市思南县人，曾中举人，先后担任华阳知县、和州知州、高州同知、南京户部员外郎、韶州知府、云南左参政等职务。一生中参访多位儒学宗师，如岭南鸿儒湛若水、楚中王门后学蒋信、南中王门后学耿氏兄弟、泰州王门后学罗汝芳、江右王门后学邹元标、黔中王门后学孙应鳌和马廷锡等。生前与王门诸贤有书信往来，切磋学问，如李材回信《答李同野》、徐阶回信《复李同野太守》、许孚远寄信《与李同野》。关于李渭的生平和思想主张，现存的文献资料主要有两类：一为李渭自己所撰文章，如为马廷锡《鱼矶别集》所做的序言、《务川县迁学记》、《世候安绍南荣受封典序》、《修思南府学碑记》、《思南府学射圃记》、《修观音阁碑记》；二为其他人围绕李渭所撰文章，除前文中李材、徐阶、许孚远等人所撰之外，还有萧重望《李先生祠记》、耿定力《李同野先生墓志铭》、耿定向《祭李同野》、张清理《谒李同野先生祠》等名篇。《道光思南府续志》收录了其中大部分。

李渭思想

李渭，实为思南大儒，铜仁巨擘，黔东乡贤，贵州名家。可惜李渭所著典籍大多失传，而同时代人及后世之人对其生平事迹和思想要旨的记载大多简略失详。且黄宗羲所撰《明儒学案》中未把李渭列入学案，遑论作为案主单立一篇。由于历史机缘的不凑巧，李渭成为明代儒学的遗珠。如今挖掘李渭的思想要旨及其对后世的影响，只能依据散落各处的单篇短文来窥探其精深奥义。

从现有材料来看，李渭的思想经历了几次变化。小时候，李渭身体不好，患有肺病，独居阁楼上。受其父亲李富训导，掌握了儒家“毋不敬”和“思无邪”两大德性修习宗旨。所谓“毋不敬”，就是要心怀敬意，庄重对待世间事物，不能轻浮。所谓“思无邪”，就是要端正心态，摒除一切杂念邪念，保持心境纯明。这一阶段对于李渭十分重要，奠定了其学习儒学的入门资质。李渭称这一阶段为“楼上光景”。病好之后，李渭下楼生活，广交学友，怡然自得。不久，李渭感到早先的“楼上光景”不知不觉中消逝不见了，于是，立意“专求本心”。李渭认为，“楼上光景”阶段是想通过“毋不敬”“思无邪”等方式找寻人的本心，但是，如果本心的内涵都不能深刻理解，如何能追寻到本心。所以，李渭开始从苦练追寻本心的方法转为探寻本心的真义，也就是从“如何是本心”转为“本心是如何”。这一阶段就是李渭的“楼下光景”。

李渭中举之后，思想发生很大变化。为了防止被世俗所诱引，李渭立定“一介不取”的意念。所谓“一介不取”，就是对世俗功名弃之如敝履，超然物外，不追逐仕途功业。这是李渭的“中举后光景”。后来，几经历练，李渭成为主掌一府政事的地方官，肩负消除百姓疾苦的责任，直面民变为盗的问题。李渭深刻理解了王阳明“破山中贼易，破心中贼难”的意蕴，追本溯源，找到了盗贼问题的根本在人心。一方面，民不知理，心有欲求，若监管力量不足，易恃暴剽略；另一方面，也是更主要的方面，官怀私心，私欲旺炽，逼迫黎民，故而官逼民反。所以，李渭认为，社会治理的根基在官吏“无欲”，能有效克制私欲，致力于使百姓安居乐业，发挥表率的作用，引导百姓去除嗜欲，泯灭剽略之心。这一阶段就是李渭的“任官后光景”。

李渭进京面圣的路上拜访耿定向，得“道学八语”：近道之资，载道之器，求道之志，见道之眼，体道之基，任道之力，宏道之量，达道之才。李渭深受启发，刻了一个“必为圣人”的印章激励自己。此后，李渭特别看重“毋意”。所谓“毋意”，就是不要刻意去汲汲谋求。李渭认为，“毋意”不是不思考、不谋划、不谋求，而是不刻意。李渭指出，刻意去做某事，事倍功半，而顺其自然去做，事半功倍。这就是李渭主张“毋意”的一个思想阶段——“面圣后光景”。后来，李渭任职云南左参政，成为一名高级别的官员。在得到罗汝芳的点拨之后，李渭的儒学工夫论发生很大转变。李渭认为之前都是在“起灭”上用工夫。所谓“起灭”，是借用的佛教概念，指因缘的际会和消散，没有主体的主动权，过多地受外界影响，随波逐流。所以，此后，李渭主张要尽量排除外界影响，坚定心念，掌握主动，持续用力精进，只问本心，做工夫时要“无起灭”。由此，李渭在思想上进入“无起灭”阶段，这就是李渭思想认识上的“高位后光景”。

李渭不仅在哲学上有精深的见解，在教育方面也有深刻认知，其对射礼教育的观点阐述充分呈现了学养之深厚。儒家要求掌握“六艺”，包括礼、乐、射、御、书、数；“礼”指礼仪素养，“乐”指音乐素养，“射”指射箭技能，“御”指驾车技能，“书”指书写技能，“数”指算术和数术技能。李渭认为，施行射礼教育是为了“和让天下”，是前代圣贤为了泯息世人争心而设，所以应该在教育机构普遍开展射礼教育。为何用于争胜的射箭技能却被赋予了泯息争心的教育功能？李渭认为“射以教让也，将以反己，非以人胜也；将以祛戾，非以能角也。”以箭射人可以伤人，若调换位置，自己处于被射的状态呢？射礼教育在于令受教者学会换位思考。

李渭认为，完整的射礼教育包括“执弓以延”、“鹄已为射”、“正直审固”、“进止揖纾”、“中的以祈”、“弛张以别”、“采繁以章”等环节。“执弓以延”是指邀请亲朋好友一起参加射礼，为的是令受教者明白亲族和睦的重要性。“鹄已为射”是指以自己为靶子进行演示，为的是令受教者明白以身作则和处事正派的重要性。“正直审固”是指射箭之前要端正姿势，为的是令受教者明白做事的尺度和分寸。“进止揖纾”是指射礼过程中要注意以礼相待和尊重他人，为的是令受教者明白相互尊重的重要性。“中的以祈”是指射中靶子时祈祷上苍保佑国泰民安，为的是令受教者树立爱国护民的责任意识。“弛张以别”是指练习射箭时要张弛有度，为的是令受教者明白做事勤勉的重要性和勤勉坚持的正确方法。“采繁以章”是指在射礼的最后环节对优秀者加以奖励，为的是令受教者明白尽心履职的重要性。可见，射礼不是单纯的军事教育，也不是单纯的体育活动，而是彰显儒家理念的思想洗礼。

作为黔东心学的代表人物，李渭培养了许多弟子，为心学在黔东的传播贡献良多。李渭弟子中，徐云从和赖嘉谟成就最高。赖嘉谟为江西省万安人，其父亲赖洁选聘为思南府幕僚，于是随父侨居思南。因敬重李渭的学问修养，赖嘉谟跟随李渭修学。后来，在李渭的指导下，赖嘉谟考中进士，并最终高居四川左参政官位。徐云从，字时际，也是江西人，原先曾随罗念庵和唐顺之修学。因听闻李渭学问精深，徐云从千里来投，终身不忍分离。徐云从和故交亲朋研修学问时，常有高明见解，对同门帮助甚大。李渭门下弟子感慨："徐云从不参加座谈，就没必要座谈。"可见徐云从的学问之深，威望之高。

黔东心学的另一位巨擘是铜仁府进士陈珊。陈珊字鸣仲，又字守默，号近衡。据赵广升副教授考证，陈珊曾师从程文德、蒋信，而程文德、蒋信皆为王门后学名儒。所以，从谱系而言，陈珊是正宗心学传人。而"由衷以言，任真以行"的思想主张和座右铭"士大夫能以居乡之心居官，天下必无冤抑之民，能以居官之心居乡，天下必无请托之事"则充分呈现了心学宗旨对陈珊的浸润。陈珊居乡之时，便积极参与地方社会的治理，推荐石邦宪担任安抚地方的重任，并出谋划策，贡献经世智慧。可见，陈珊深得"本心纯明，经世致用"的心学本真奥义。

黔中王门

黔东心学代表人物李渭、陈珊在更广的范围也属于黔中王门的后学之辈。黔中王门是指王阳明在贵州讲学后追随阳明心学的一批贵州籍著名儒士。黔中王门在历史上影响深远，对贵州的文化事业发展做出了杰出贡献，培养了一批贵州籍文化大师，为贵州在全国文化格局中争取了一个重要席位。但是，由于贵州深处中国内陆，省情特殊，过去存在交通不便、语言不通等历史难题，有"天无三日晴，地无三尺平，人无三分银"的说法，所以，黔中王门在一段时间中曾被京师、中原、江南等较发达地区的文化界遗忘。随着贵州历史文化的再发掘，黔中王门的历史地位重现光辉。

黔中王门萌发于王阳明龙场悟道之后的讲学，亲传陈文学、汤伯元、钱凤翔等弟子。陈文学，字宗鲁，贵阳人，能诗而明理学，深得王阳明器重。王阳明曾专门写诗赠陈文学，督促其精进学问。汤伯元也是贵阳人，与陈文学并为黔中王门两干将。钱凤翔则为施秉人，王阳明经过其家，亲问心学要旨。王阳明在黔中亲传弟子，此三人为其中翘楚，且各得心传，故而有"陈文学得诗艺，汤伯元得治道，钱凤翔得兵学"的说法。王阳明以关怀、指导待陈文学、汤伯元、钱凤翔等黔中学子，而黔中学子亦以恩师之礼回报，联名上书贵州巡抚，为王阳明在贵阳建阳明祠，以为纪念和尊崇。

黔中王门成型于王阳明诸爱徒在贵州的热心讲学和发展教育，其中较重要的有蒋信、邹元标。蒋信，湖南常德人，字卿实，号道林，人称正学先生，为王阳明正传弟子，嘉靖年间曾任贵州提学副使。蒋信任贵州提学副使期间，修缮龙场阳明祠，修复文明书院，并讲学其中，吸引了诸多黔中学子。黔中王门由此再次大振。蒋信任职贵州期间，十分注重提携后学，教导新进，马廷锡、李渭、孙应鳌等人皆得其奖掖。蒋信在思想上深刻把握了阳明心学的宗旨。曾有学子问蒋信如何处理沉默以对和恳言以对的问题。学子认为，与人交往时，常遇到他人胡言乱语的场景，不敢苟同且心中厌烦，若恳言驳斥则不近人情，若沉默应对则被人视为呆板且不利于弘扬真理，进退两难。蒋信指出，如果能够体悟到世间人各有差异，自然不可能时时处处都是志趣相投的人，不过，虽然不是志趣相投之人，也同为世间生灵，不应敌视之，所以，坚持和而不同的原则便能正确应对。可见，蒋信的心学修养确实深厚。

邹元标，字尔瞻，号南皋，江西吉水人，江右王门的代表人物，与赵南星、顾宪成并称“东林三君子”，讲学三十多年，名满天下，享誉久远。邹元标一生之中，有一段特殊而重要的人生经历：流放贵州都匀六年。流放都匀为邹元标制造了流芳都匀的契机。邹元标在都匀期间，一方面与马廷锡、孙应鳌、李渭等黔学鸿儒交游研讨，增长学问；另一方面在鹤楼书院潜心讲学，培养了陈尚象、余显凤、吴铤、艾家兄弟等王门新秀；完成了自我学养的精进和心学事业的阐扬。黔中王门可谓由王阳明肇启于龙场悟道，培植于贵阳讲学；由蒋信光耀于贵州提学；由孙应鳌弘道于凯里；由李渭传散于思南；由邹元标巩固于都匀。正是在邹元标的努力下，都匀成为黔中王门的五大重镇之一。后来，邹元标弟子陈尚象等人在都匀创建南皋书院，继续邹元标未尽的心学事业。

邹元标功业卓著，学养也十分深厚，可从《重修张公读书堂记》管窥其思想精义。邹元标认为，学有纯和杂的区分，古人为学很纯，后人为学则偏杂，所以，古人求学看起来不费力却收获颇丰，而后人求学看起来很努力却收获寥寥。古人不含机心，只求纯心，所学用于生活，知行合一，自然就能身心合一，日渐成长，生命得到升华。而后人则包藏私心，相轧以权势和财势，以狡诈相欺，求学之心不纯，故而思想难免纷乱，迷茫不知所从。即使对私心作了一番整改，也难以消除杂心的影响，由此，后人求学，常陷入沉迷于章句细末知识的境地，表现为两种状态：第一，务求博学，进而达于明晰旨要，这是较好的状态；第二，希冀穷尽典籍，博览库藏，这是较差的状态。邹元标指出，先秦的古人不曾看过秦汉的典籍，秦汉的古人不曾看过唐宋的典籍，但是，并不妨碍先秦有周、孔、孟、荀等圣者，也不妨碍唐宋有韩、周、程、朱等贤哲。人生苦短，如果沉浸在故纸堆中皓首穷经，即使不是虚耗年华，也是像一只仓鼠耗食库粮，不可能完成，是玩物丧志的表现。邹元标可谓是点中了学习的要害。虽然邹元标反对皓首穷经，但是并不主张像佛教禅宗一样静坐冥想，追求顿悟。邹元标认为，求学的关键在立志，读书需围绕志向进行，否则就是以读书溺志。简而言之，就是要把握读书的主动权，要依据志向而选取典籍研读。阳明心学的宗旨在邹元标身上展现得淋漓尽致。

黔中王门群星灿耀，其中心学成就最具代表性的人物是李渭、孙应鳌、马廷锡。李渭的思想已在前文论述，不再赘述，仅就马廷锡和孙应鳌的相关思想做一番简要解读。

马廷锡，贵州贵阳人，字朝宠，号心庵，因曾任职四川内江县，人称马内江，祖父马和，父亲马实，子马文标，孙马彦鳌，皆为举人，五代缙绅。蒋信提学贵州时，马廷锡拜入门下为弟子，从学数年。后来，马廷锡辞官归乡，前往蒋信湖南老家继续学习阳明心学，得蒋信真传。之后，返回贵阳讲学三十余年。其间与李渭、孙应鳌、邹元标相互研讨，励志于弘扬心学。贵州巡抚郭子章曾赞誉马廷锡："读其书可立即通透，其学问无愧于龙场正宗。"马廷锡认为，精通万卷诗书也不过是在细枝末叶上有些许聪明而已，并不算有大智慧；必须保持心性纯明，不为外界事物所动，才能探寻到根本正理。这与邹元标等心学儒者的主张保持了宗旨一贯。马廷锡还主张抱守初心，周旋世务，精诚贯金石，志行合神明，致力于清静而心定，洞明真理，持之以恒，安贫乐道。马廷锡的这些教诲，是一个有机的整体，相互之间紧密联系。比如抱守初心与周旋世务就不可分割，没有初心，周旋世务就要落入俗境；无关世务，抱守初心就要陷入空境。只有物性的人生俗不可耐，只有悟性的人生则虚而不实。马廷锡对心学要旨的理解是精准而深刻的，很有启发性。

孙应鳌是黔中王门的又一位代表人物，字山甫，号淮海，贵州凯里人。孙应鳌的师道思想较为精妙，体现了其学养水平。孙应鳌认为，世道好不好，在于有没有人才；而人才多与少，在于师道兴与否。孙应鳌主张，师道分三个层次。第一个层次是勤，要勤于考校学生，也要勤于学习。这一个层次不难做到，难在坚持。第二个层次是荀子所说的四点：第一，要威严庄重而令人敬服；第二，要学养深厚而令人信服；第三，要知识渊博且言行一致而令人钦服；第四，要见解独到而令人叹服。第三个层次就是在境界上要达到天人合一，保有仁心一颗，体察世间万物蕴含的真理。

阳明心学

黔中王门所阐扬的阳明心学思想是由明代大儒王阳明创立的。王阳明，本名王守仁，字伯安，号阳明，浙江余姚人，明代著名的思想家、军事家、文学家，集立功、立德、立言“三不朽”于一身，陆王心学的集大成者，学贯儒、释、道三家，创立的阳明心学深刻影响了整个东亚思想界，在朝鲜、日本等海外异域也有众多追奉者。王阳明先后任刑部主事、贵州龙场驿丞、庐陵知县、右佥都御史、南赣巡抚、两广总督、南京兵部尚书、都察院左都御史等官职，以平定朱宸濠叛乱的军功而被封为新建伯，后追赠新建侯。因受封谥号文成，故后又被人称为王文成公。

王阳明少年时便胸怀大志，不甘于只做个皓首穷经的儒生，立定学习兵法后匡扶社稷的远大理想。十五岁时，王阳明曾上书献平定乱军的计策，并远赴居庸关、山海关考察边塞要地。十八岁时，路过广信，拜娄谅为师，学习程朱理学。为深刻理解“格物”理论，以竹子为对象，深思七日七夜，不但毫无收获，还因此病倒。这便是对王阳明一生影响至深的“广信格竹”。

王阳明的科举功名之路并不顺利，前后考了三次才中进士。未中进士时，其父劝慰开导王阳明，王阳明则说：“世人以科考落第为耻，我以因科考落第而懊恼为耻”，可见其志存高远。考中进士后，前后在工部、刑部、兵部任职，工作成效得到朝廷认可。但是，因对阉宦擅权乱政无法隐忍，触怒刘瑾，被贬官贵州龙场驿任驿丞。在龙场期间，王阳明没有自怨自艾，而是直面困难，发挥专长，普及文教。在人生困顿之时，前途渺茫之际，群山环绕之间，王阳明沉心读书，专心思考，对于人生、功业、学问等问题有了全新的主张。这便是标志着王阳明在思想上全面成熟的“龙场悟道”。

王阳明离开龙场后，在知县岗位历练了一段时间，随后在吏部任职多年。因军事才干远超同辈，被推荐担任都察院左佥都御史，出京巡抚南赣。担任南赣巡抚期间，王阳明建立了两大军功，一是平定了谢志山乱军，二是平定了宁王朱宸濠的叛乱。但是因为明武宗昏聩，朝局混乱，平乱之功和平叛之功并未受到重视，王阳明也急流勇退，事了拂衣去，深藏身与名。直至明世宗继位，王阳明的军事才能才再次得到朝廷关注，受封新建伯。

受封新建伯后，因父丧，王阳明居家守孝六年。守孝期间，王阳明勤勉讲学，阐发义理，深得知识界尊崇。而王阳明的弟子亦已成长起来，纷纷在各地传播阳明心学要旨。王阳明总结归纳多年的人生经历和哲理思考后，在天泉桥形成了四句心学宗旨：无善无恶心之体，有善有恶意之动；知善知恶是良知，为善去恶是格物。这便是标志着阳明心学理论体系完全构建的“天泉示教”。

因广西大藤峡地区又集聚了一伙乱军，朝廷委任王阳明左都御史，赴岭南总督两广，相机平乱。王阳明统筹谋划，迅速完成了平乱的任务。因肺病加重，王阳明辞官返乡养病。但是，路过江西大余县时，病情恶化，溘然长逝。

综观王阳明一生，生于姚江，觉于广信，悟于龙场，成于天泉，周旋于朝廷，建功于疆场，但求本性纯明，经世致用，无意官禄富贵，当世虚荣。后人把王阳明归入圣人之列，可谓实至名归。

对阳明心学溯流探源，可知其由王阳明创立于贵州龙场。在龙场驿，王阳明以一篇《示龙场诸生教条》奠定了黔中王门的基本规范和思想宗旨。王阳明认为，有四件事最为要紧，即立志、勤学、改过、责善。王阳明主张，事业必从立志开始，各行各业的人要有所成就必须树立远大志向。如果没有树立远大志向，必然事业无成。如果一个人事业无成，虽然原因可能有很多，没有远大志向肯定是其中之一。一个人没有远大志向，就像没有舵的小船和没有衔的烈马，飘忽不定，缺少方向感。具体该如何立志，则要看所立志向是否得到了父母兄弟的认可，是否被身边的人所支持。如果不被身边的人认可和支持，即使立下了宏伟远大的志向，也不是最合适的志向。立志之后，既要勤学苦练。立志和勤学非常紧密，如果没有树立正确的志向，就不可能真的做到勤学。王阳明指出，聪明伶俐并不是真的有智慧，不值得沾沾自喜，踏踏实实，一步一个脚印向前走的人才是真有未来的人。一个人如果腹无诗书而强装才子，忌讳别人指出自己的不足，嫉妒别人的长处，自吹自擂，即使天资过人，极具天赋，也是不被人所喜欢的。一个人即使天资鲁钝，若能勤学好问，经常反省自己，改正缺点，补足短板，也一样会因德行高尚而被他人敬重。

改过也是王门后学要掌握的修德方法。王阳明认为，即使是圣贤也难免会有犯错的时候，一个人只要能及时改正错误，并不会妨碍他成为有德行的人。可贵的不是从不犯错，而是犯错后能及时改正。一个正常人不太可能寡廉鲜耻，阴险狡诈，坏事做尽，但是，难免会有因失误或不知晓而陷于错处的时候。如果不小心犯错了，首先当然是及时改正，不要因为犯错了就自暴自弃。如果能浪子回头，即使从前是个盗贼，也不妨碍今日成为圣贤。千万不能因为害怕曾犯过错，将无人再信任，即使改正，也不能挽回犯错所带来的伤害，等等原因而破罐子破摔。

所谓责善，指的是帮助他人改正缺点，及时进步。王阳明认为，指出他人的缺点，帮助其进步，这是朋友的责任，但是必须遵循出于好心并注意方式方法的原则。责善时要做到真诚无私，方式委婉，使他人听了之后能欣然改正，不会心怀怨怒。如果不注意方式方法，当众指出他人的缺点，并毫不留情面地进行批评，使其无地自容，这就把人家置于羞愧难当的境地，即使想就此改正，也失去了契机，这等于是故意用激将法促人继续为恶。如果以揭人短处、私密来标榜自己的正直，绝不是真的正直。但是，以上都是从“我该如何劝人从善”的角度来看待的，即“我不能不留情面地批评别人”。如果是别人毫无保留地指出自己的缺点，则应该欣然接受，不应该怨恨别人没有采用婉转的方式。

王阳明还指出，责善的原则在师生关系中也有具体的应用。在师生关系中，学生面对老师的错处或短处要坚持两个原则：一是不能冒犯师道尊严，即无犯；二是不能对师之错处或短处置若罔闻，即无隐。正确的谏师之道，要做到正直而不有损师者尊严，委婉而不会视若不见，实现教学相长的良好效果。

从以上内容可知王阳明的学养之深厚。事实上，阳明心学更加可贵之处是能正确指导实践。王阳明在心学体悟的指引下，经世致用，灵活处世，便宜从事而不离原则。这在他处理象祠事件中有集中体现。谪官贵州龙场期间，贵州宣慰使曾请王阳明为一座祠庙的翻修写一篇文章作为纪念。这座祠庙在灵博山，供奉的是舜帝的弟弟——象。在儒家典籍中，象是一个德行有亏的典型，对父无孝道，对兄少敬爱，为人不修德。从王阳明内心深处来说，极不情愿为这样一座淫祠写纪念文章。但是，这座象祠在当地历史悠久，传承久远，深受当地少数民族群众信奉。如果他拒绝的话，既伤了宣慰使的颜面，也伤了少数民族群众的宗教感情。而且，他当时作为一名被贬的不入流的驿丞，也无法阻止象祠的重建。如何才是正确处理此事的最佳办法呢？王阳明最后决定欣然接受宣慰使的盛情邀请，为象祠写纪念文章，但在文章中把象的历史本末及其道德意涵说清楚，借以推广儒学教化。

王阳明在《象祠记》中简要地写了象逼迫父亲陷害兄弟舜的往事经历，并讲了唐代毁象祠树新风的做法。但是，紧接着，王阳明又为象祠在灵博山重建并得到少数民族群众热情供奉的行为作了道德上的合理化解释。王阳明用春秋笔法指出，之所以在灵博山建象祠是因为感念舜帝的威灵和恩泽，爱屋及乌，所以对舜的弟弟象也献上敬重，所以说，建象祠是“为舜而非为象”。另外，王阳明还说，建象祠是为了表彰象后来的改过从善，而不是缘于为非作歹的象，是为了彰显舜帝在导人向善方面的卓越成就，所以，建象祠是“为象之善而非为恶之象”。如此一来，一件在儒家看来荒诞至极的事情就得到了合理解释，并借由荒诞的事情再次阐明了儒学宗旨，在少数民族群众中埋下了普及教化的种子。王阳明此举，可谓是“极高明而道中庸”的典型做法，值得后人铭记在心，潜心体会。

王阳明不但有极高的生活智慧，还有极高的政治智慧，集中体现在对贵州宣慰使的劝导上。明代，贵州的水西和水东合并设立了贵州宣慰司，安氏土司任宣慰使，宋氏土司任宣慰副使。安氏与宋氏因扩张势力而矛盾加深，于是安氏怂恿阿贾、阿札起兵叛乱，围攻宋氏，并在乱起之后，佯装派兵助宋氏平叛，实际上却纵兵劫掠。一场深重危机以贵阳为中心不断扩散。王阳明与安氏土司有较好的私人情谊，所以写信劝导，以便化解危机，实现不费朝廷兵粮而消弭祸乱的目的。

首先，王阳明从兵祸的起因进行分析，指出，世人都认为兵祸是安氏土司引起的，阿贾、阿札是在安氏土司的指使下起兵叛乱的。王阳明说，即使这都是流言蜚语，当不得真，但是阿贾、阿札的刀剑弓矢确实得自安氏土司的馈赠。流言不可信，但行迹可查实。而且，心迹难明，但行迹可佐证。王阳明委婉指出，舆论是对安氏土司不利的。

其次，王阳明从对待兵祸的态度进行分析，指出，贵州省司衙门行文，令安氏土司出兵平乱，是在考察其立场态度。安氏土司出兵平乱，不利舆论才稍稍平息。但是，随后安氏土司又称病不出，纵兵劫掠，不利舆论汹汹复起。王阳明向安氏土司指明，不尽力平乱，就将自陷于不忠不义的境地。另外，王阳明还分析了诿过他人的不可行。安氏土司一方说，叛乱发生在宋氏土司管辖范围，当由宋氏土司自行解决，哪有让安氏土司白为宋氏土司出力的道理。王阳明则说，朝廷设立宣慰司，是让安氏土司和宋氏土司共同管理地方，而且安氏土司为正官，宋氏土司仅为副职，如今地方兵祸乱民，安氏土司怎么能说全是宋氏土司的责任。

最后，王阳明还击破安氏土司蛮横恃强的野心。王阳明对安氏土司说，安氏作为一方土司，领地广阔，地形险要，确实有可自豪的资本，但是这种资本是朝廷封赐的，朝廷也可以收回封赐。而且，安氏土司管辖的范围，再广阔也比不过国家的一个行省，至多与府郡等同大小，自豪有资本，恃强则缺底气。况且，安氏土司周边还有很多实力相差无几的其他土司，如果安氏土司违逆朝廷，朝廷应允其他土司攻灭安氏而分其领地，安氏土司将如何应对？再者，安氏土司本来是由内部各支系轮换继承，因为朝廷支持才有如今的父子相承、子孙相继，如果朝廷不再支持，安氏土司内部必将陷入争权夺位的变乱之中。所以，安氏土司只有尽快尽力平定叛乱，才是正确选择。

王阳明用一纸书信喻祸福，消弭兵祸危机，可见其智慧之高深，可见心学的实践指导意义之深远。王阳明逝后，阳明心学分化为黔中王门、浙中王门、南中王门、楚中王门、泰州王门、江右王门、南粤王门等支系，与程朱理学同为宋明儒学的思想结晶。

【拓展阅读】

答顾东桥书（节选）

夫“拔本塞源”之论不明于天下，则天下之学圣人者将日繁日难，斯人沦于禽兽夷狄，而犹自以为圣人之学。吾之说虽或暂明于一时，终将冻解于西而冰坚于东，雾释于前而云滃[1]于后，呶呶焉[2]危困以死，而卒无救于天下之分毫也已！

夫圣人之心以天地万物为一体，其视天下之人，无外内远近，凡有血气，皆其昆弟赤子之亲，莫不欲安全而教养之，以遂其万物一体之念。

天下之人心，其始亦非有异于圣人也，特其间于有我之私，隔于物欲之蔽，大者以小，通者以塞，人各有心，至有视其父子兄弟如仇雠者。圣人有忧之，是以推其天地万物一体之仁以教天下，使之皆有以克其私，去其蔽，以复其心体之同然。其教之大端，则尧、舜、禹之相授受，所谓“道心惟微，惟精惟一，允执厥中”。而其节目，则舜之命契[3]，所谓“父子有亲，君臣有义，夫妇有别，长幼有序，朋友有信”五者而已。

唐[4]、虞[5]、三代之世，教者惟以此为教，而学者惟以此为学。当是之时，人无异见，家无异习，安此者谓之圣，勉此者谓之贤，而背此者虽其启明如朱，亦谓之不肖。下至闾井[6]、田野，农、工、商、贾之贱，莫不皆有是学，而惟以成其德行为务。何者？无有闻见之杂，记诵之烦，辞章之靡滥，功利之驰逐，而但使之孝其亲，弟其长，信其朋友，以复其心体之同然。是盖性分之所固有，而非有假于外者，则人亦孰不能之乎？

学校之中，惟以成德为事。而才能之异或有长于礼乐，长于政教，长于水土播植者，则就其成德，而因使益精其能于学校之中。迨[7]夫举德而任，则使之终身居其职而不易。用之者惟知同心一德，以共安天下之民，视才之称否，而不以崇卑为轻重，劳逸为美恶；效用者亦惟知同心一德，以共安天下之民，苟当其能，则终身处于烦剧而不以为劳，安于卑琐而不以为贱。

当是之时，天下之人熙熙皞皞[8]，皆相视如一家之亲。其才质之下者，则安其农、工、商、贾之分，各勤其业以相生相养，而无有乎希高慕外之心。其才能之异若皋[9]、夔[10]、稷[11]、契者，则出而各效其能，若一家之务，或营其衣食，或通其有无，或备其器用，集谋并力，以求遂其仰事俯育[12]之愿，唯恐当其事者之或怠而重己之累也。故稷勤其稼，而不耻其不知教，视契之善教，即己之善教也；夔司其乐，而不耻于不明礼，视夷之通礼，即己之通礼也。

盖其心学纯明，而有以全其万物一体之仁，故其精神流贯，志气通达，而无有乎人己之分，物我之间。譬之一人之身，目视、耳听、手持、足行，以济一身之用。目不耻其无聪，而耳之所涉，目必营焉；足不耻其无执，而手之所探，足必前焉；盖其元气充周，血脉条畅，是以痒疴呼吸，感触神应，有不言而喻之妙。此圣人之学所以至易至简，易知易从，学易能而才易成者，正以大端惟在复心体之同然，而知识技能非所与论也。

【注释】

［1］滃：形容乌云密布。

［2］呶呶焉：话多的样子。

［3］契：即阏伯，帝喾与简狄之子，传说中的商部落始祖。

［4］唐：即尧帝。尧帝，号陶唐氏。

［5］虞：即舜帝。舜帝，号有虞氏。

［6］闾井：即市井。本意为居民点。

［7］迨：等到，达到。

［8］熙熙皞皞：和和美美。

［9］皋：即皋陶，生于尧帝时期，在舜帝时期担任掌理刑法的大理，被后世奉为法律鼻祖。

［10］夔：古代音乐家，具有非凡的音乐才能，后受到舜的赏识提拔为乐官，主理乐舞之事。

［11］稷：又名弃，帝喾与姜嫄之子，传说中的周部落始祖。

［12］仰事俯育：上养父母，下养子女。也可引申为上报国家，下养家庭。

【阅读提要】

本文选自《王阳明全集》。文章主要围绕天人合一问题展开，以尧、舜、禹、稷、契、皋等上古圣贤为例，说明天人合一的重要性。天人合一的关键在于要保持万物一体的理念，深刻理解“人心惟危，道心惟微，惟精惟一，允执厥中”十六字。世间的人在职业上分为士、农、工、商，但是都应该体认万物一体，进而树立天地一家亲的观念，由此，破除人我之分，破除私心。所以，学校教育要以立德树人为根本。个人天赋不同，在学习技能方面自然要因材施教，但是在德育方面，就要统一标准，以同心一德为目标，加强思想教育。唯有如此，才能破除职业贵贱的陈旧观念，使各种职业的人才都能全身心投入，一起为国家做贡献，为人民谋幸福，并在这一过程中成就自我。

【推荐阅读】

［1］王阳明著，马昊宸主编：《王阳明全集（1-4 册）》，北京：线装书局，2014 年。

［2］王路平，石祥建：《黔中王门》，贵阳：贵州人民出版社，2017年。

［3］王路明：《明代黔中王门大师孙应鳌思想研究》，北京：群言出版社，2007年。

［4］敖以深：《黔东北地域阳明文化研究》，北京：知识产权出版社，2009年。

［5］秦家懿：《王阳明》，北京：生活·读书·新知三联书店，2011年。

［6］王传龙：《阳明心学流衍考》，厦门：厦门大学出版社，2015年。

【思考题】

1. 如何理解阳明文化的思想要旨？

2. 黔中王门对贵州的文化事业有何促进作用？

3. 如何发挥李渭心学思想在铜仁文化建设中的积极作用？

书院文化篇

第二讲　渊渟岳峙　云彩江声

【学习目标】

识记中国传统书院基本常识，了解黔东书院发展、演变的历史以及对贵州明清时期教育发展的贡献，理解书院文化的精神实质。升华热爱传统文化、热爱家乡的情感，提高分析当代教育问题的思维能力。

【学习重点】

书院的历史贡献；书院文化的核心要义及表现形式；书院文化的当代价值及对教育改革的启迪。

【学习难点】

既要站在当时的历史背景下研读相关文献资料，又要用现代的视野理解、掌握传统书院文化智慧是学习的难点。对古文的准确把握以及相关历史、教育学的知识背景是影响学习目标达成的重要因素。

【学习例文】

铜江书院记

徐　节

书院之建，其重矣乎。士习之淳正[1]，风俗之崇厚，吾道之兴行[2]，斯文之振举[3]，革污染于既往，回正学于将来[4]。于是乎[5]，赖我朝奄有天下[6]，建学育才，既遴选俊秀以储养之，又责任师范以陶铸之[7]。立社学于乡闾[8]，延教读于儒宿[9]，用复三代之制[10]，欲得贤才，以休隆国祚[11]。尚虑师生旷废职业[12]，特简方面重臣，学问素著，降玺书提督之[13]。于是余姚毛公者得专是寄[14]，盖慎简也。公以学校首务，付托匪轻，不辞跋涉，遍立所隶[15]，以宣扬风教。乃于铜郡督劝之余，慨夫地僻民夷，人鲜知学，乡村市镇，星散不一，良师素乏，儒道弗辉，虽各立有社学，苟简而已[16]。遂命郡守刘君瑜择郡城迤东[17]，得隙地一区[18]，山环水绕，清秀可掬，为建书院[19]，绝尘嚣、基士习。守亟知所重，凡材木工役，设法措置[20]，无一不备。在郡耆民与故夫家世族[21]，知上之所重在是[22]，争相乐助，以图其成。以土官李椿董厥事焉[23]，俭者给力、丰者予赀[24]，一毫不取于官，一役不藉于民。经始于正德二年十月，讫工于次年九月。门堂廊庑[25]，规制非常，炳然一新。选民间幼俊，与诸生之有志者[26]，延访五经宿儒分教之[27]，以开来学、振风化[28]。题曰："铜江书院"，盖因地而名焉。院成，属余纪之[29]。余考书院，兴于先儒，紫阳朱夫子辈之所素重[30]，若白鹿、若濂溪、若武夷之建[31]，岂徒然哉？为吾道计、为风俗计、为后学人才计也！贵藩书院甚鲜，而于铜郡首建，非公以所重付于守、非守知所重而承命于公，曷能毕兹盛举哉？是亦遐方之大幸也[32]。虽然，天下之事，创于始难，继于终尤难。宪副公为风俗人才嘉惠之心[33]，固无所不至[34]，第恐岁月久而修葺不加[35]，则必日就颓圮[36]。使嗣公后者如公之为心[37]，召督所司得时葺而不朽[38]，则诸士子之学固得以致其[39]，而铜江风俗之美、人才之盛，不因是而有所永赖哉！

【注释】

[1] 平：治平，成。《尔雅·释诂》谓"平，成也"。

[2] 道：这里指儒家思想中的仁义道德，治国的大道。《周易·系辞上》谓"一阴一阳之谓道"。又谓"立天之道曰阴与阳，立地之道曰柔与刚，立人之道曰仁与义"。兴行：盛行，使之盛行。

[3] 斯文：礼乐教化，典章制度。文化或文人。

[4] 正学：合乎正道的学说。西汉武帝时，独尊儒术，始以儒学为正学。

[5] 于是乎：连词，表承接。

[6] 赖：得益，受益，依靠，凭借，幸而。奄：覆盖，引申为包括，占有，统辖。

[7] 责任：使人担当起某种职责和责任。师范：师父、教师。陶铸：比喻

造就、培养。

[8] 社学：元、明、清三代的地方小学。五十家为一社，每社设学校一所，以教化为主要任务。乡间：古以二十五家为闾，一万二千五百家为乡，泛指民众聚居之处。

[9] 延：聘请。教读：教师。宿：老成，指学识渊博，学术上有权威的人士。

[10] 用：作介词，相当于“以”，作动作的凭借。三代之制：“上古三代”的教育制度。“上古三代”是一个历来受到学者推崇、甚至将其赋予了浓厚教育理想色彩的时期。学校追求的是一种关注社会人生的做人教育。传说中称尧帝和舜帝都曾经委任过一位名叫“契”的人掌管教育，他的职责是向人民传布“五教”。“五教”的具体内容，后经孟子明确为“父子有亲、君臣有义、夫妇有别、长幼有序、朋友有信”。孟子概述夏、商、周三代之教谓“夏曰校，殷曰序，周曰庠，学则三代共之，皆以明人伦也”。

[11] 休：美好，美善，吉祥、吉兆、喜庆；另有树荫之意，引申为荫庇。隆：昌盛兴隆，兴旺发达。祚：福、福运。

[12] 旷废：耽误、荒废。

[13] 简：选择、选用。素著：一向显著。玺书：皇帝诏书。

[14] 毛公：毛科，浙江余姚人，曾任贵州提学副使。公，是对男子的尊称。《万历·铜仁府志》记载“铜江书院，府治西北，正德元年提学副使毛科建”。提学副使就是提刑按察使司按察副使、提督学道的省称，相当于现在的主抓公安、教育的副省长。

[15] 立：到，临。

[16] 苟简：草率而简略。

[17] 迤：向，往。

[18] 一区：表数量，指一块空地。

[19] 原文中无此句，为了意思完整，根据《嘉靖贵州通志·学校志》补。

[20] 措置：处置，安排。

[21] 耆民：年高有德之民。故：原来的，旧时的。夫：大，夫大古通。

[22] 上：上级。是：理也，对的，正确的。

[23] 土官：此处指土司，即由少数民族首领充任并世袭的官职。按等级分

为宣慰使、宣抚使、安抚使等武职和土知府、土知州、土知县等文职。董：监督管理。厥：代词，相当于“其”。

［24］赀：同“资”，财货。

［25］庑：堂下周围的走廊、廊屋。

［26］诸生：明清两代称通过最低一级考试，在府、州、县学读书的人，通称秀才，有乡试的资格。

［27］五经：五部儒家经典，即《诗》《书》《易》《礼》《春秋》。

［28］风化：风教，风气，风俗；也指社会上公认的道德规范。

［29］属：古同“嘱”，嘱咐，托付。纪：通“记”。

［30］紫阳：是理学大师朱熹的号。为了纪念他和尊崇理学，历史上，以“紫阳”命名的书院很多，分布在徽州、苏州、杭州、汉口、镇远等地。

［31］白鹿：指位于江西庐山五老峰下的白鹿洞书院。相传书院的创始人可以追溯到南唐的李渤。南宋淳熙六年（1179），理学宗师朱熹责令官员修复，并自任洞主。因朱熹和学界名流陆九渊等曾在此讲学或辩论，这里成为理学传播的中心。濂溪：指濂溪书院，始称濂溪书堂。宋嘉祐六年（1061），理学派开山鼻祖周敦颐（世称“濂溪先生”），于卢山莲花峰下开设濂溪书堂，堂前有溪，寓名以濂溪，濂溪也是周敦颐故里之名。以“濂溪”命名的书院还有位于郴州市汝城县、赣州（周敦颐与程颢、程颐等弟子讲学之处）、邵阳以及湖南道州（今属道县，周敦颐故乡）等地的。武夷：武夷书院。朱熹在淳熙十年（1183）在武夷山隐屏峰下亲自擘画营建，始取名为“武夷精舍”，又称“紫阳书院”。

［32］遐方：荒远之地，边陲。

［33］宪副：指贵州按察司宪副毛科。宪，旧指朝廷委驻各行省的高级官吏，宪副一词即是对按察副使的敬称。嘉惠：指施予恩惠。

［34］固：诚然，确实。

［35］第：连词，表示转折，相当于“但”“只是”。

［36］颓圮：坍塌。

［37］如：符合，依照。

［38］召：邀请，召集，交代。司：地方职掌，主管。

［39］致：求取，获得。

【译文】

修建书院意义重大，它可成就朴实的学风和敦厚的民风民俗，使仁义之道盛行，礼乐教化振兴，革除过去的弊端，为将来回归正统的儒学。可以说，凭借着国家对办学育人的统一管理，既可遴选、储备才智出众的人才，又能让教师担当起培养他们的职责。在乡间设立小学，并从儒学大师中聘请教师，通过复兴夏商周三代的教育制度，期望培养出杰出人才，以保国运兴隆。唯恐师生的教与学受到耽误，特挑选声望崇高、学问一向显著的大臣，并下诏书要求他们加以督促。于是，来自余姚的毛公十分看重这一托付，因为自己毕竟是谨慎挑选出来的呀。毛公深知以兴校为首要事务，这一托付不轻。他不辞辛劳，走遍所辖之地，广泛传播风俗教化的重要性。在铜仁督促劝勉之后，他感慨道，这里地处偏僻的民族地区，有学问的人不多，乡村市镇分布很散，优秀的教师一向缺乏，儒学思想不能发扬光大。虽然设立有小学，但是十分简陋。于是下令地方行政长官刘君瑜选址（建校）。

在城东得到空地一块，此地山环水绕，景色清秀鲜明，建一书院，足以远离尘嚣，涵养读书人的学习风气。郡守知道此事重大，对建材、土木等工程作了充分安排、全面准备。本地年高有德之民和原来的大家世族，明了皇上之所以注重这事的道理所在，乐意并相互争着捐助，以期待办成此事。由土司李椿负责监督管理这事，勤俭的人出劳力，富足的人出钱财。没有向官员摊派一毫钱，也没有从百姓中征招一名劳役。书院始建于正德二年十月，次年九月竣工。门堂廊屋的格局、形制非同一般，崭新明亮。挑选民间杰出儿童和有志于学业的秀才，聘请五经修养有素的儒士分别给他们授课，旨在为未来的学者开辟道路，振兴民风教化。书院因地理位置所在，取名为“铜江书院”。

书院落成后，受托特写此文。经考究，书院兴盛，得益于先前的大儒们，理学大师朱熹那一代的先贤向来重视修建书院。像白鹿、濂溪、武夷这些书院的修建，怎能会是没有用处的呢？这是为了儒家之道、为了社会风尚、为了未来的人才所作的长远打算呀。贵州书院很少，在铜仁是首建，倘若不是毛公付以郡守此重任，又倘若郡守不知毛公令办之事的重要性所在，那怎么会有如此盛举呢？这同样是边陲民族地区的一件大幸事呀。虽然，天下之事，初创艰难，但要坚持到底更为不易。为了风俗教化、人才培养，毛公的恩惠之心，诚然无所不至，只是担心天长日久，若不加以修缮，则终有坍塌的一天。倘若毛公之后的继任者能够依循他的心愿，召集、督促地方主管及时修缮，使书院得以永存，则众学子的学业自然得以完成，铜仁风俗的淳美、人才的昌盛，才有了长久的仰赖啊。

【文化解读】

作者简介

徐节（1435—1520），字时中，贵州贵阳人，享有“诤臣”“循吏”之美誉。曾任福建道监察御史，河南、山西两道监察御史，广西右布政使。1506 年升为右副都御史，执掌西北边防的军政大权。徐节自幼聪敏异常，6 岁入乡塾，阅读之书，过目成诵，少小习《易》，成化七年（1471），考中进士，次年出任河南内乡知县。做监察御史时，他在朝廷上讽喻政治、鉴戒得失，为大政方针提意见。在右副都御史任上，三上奏章揭发锦衣卫指挥牛循的不法行为，最终得到皇帝采纳。徐节的这种强硬作风得到朝野一致好评。

该文选自《万历·铜仁府志》，个别地方有改动。

本文要旨

记文开宗明义阐述了修建书院、培养人才对国运兴隆的重要意义，以及在铜仁这一边远的民族地区重教兴校的必要性。从论述中，可以看出作者强调正统的儒家学说的教育价值，推崇“上古三代”的教育制度。

第一部分，作者褒扬了提学副使毛科在铜仁建书院一事上，用心操劳，积极作为。

第二部分，概述了书院的修建情况。对选址的考究、前期的准备工作、当地老百姓的鼎力相助以及书院落成后规模建制都一一作了记述。

第三部分，通过对书院历史及意义的简单介绍，再次表明了修建“铜江书院”这一盛举是边陲民族地区的一件大幸事。同时，也希望书院永存，铜仁“风俗之美、人才之盛”永存。

传统书院简介

书院的兴办萌芽于唐朝后期，推行于五代，至宋朝而大盛。作为中国士人的文化教育组织，最初是指官方收藏和校勘书籍的场所，或者是私人读书治学的地方，后发展为育人培才之地，兼有教学、藏书、祭祀三大文化教育功能。两宋时期书院受到全社会的广泛关注，数量是唐五代书院总合的十倍以上，达700多所。许多著名学者栖身书院，著书立说，讲学育人。主持人多半是硕学巨儒，内容的充实，学生的发达，往往在官立学校之上。在南宋有“天下四大书院”之说，但是哪四大却各家各说，论及较多的有石鼓书院、白鹿洞书院、岳麓书院、应天府书院。到了明代，书院总数近2000所，清代增到4300所，全国绝大部分县级行政区域，甚至许多乡村都有了书院。

在不同时代、不同地区，书院的发展状况、办学水平、功能形态以及政府对书院的管控都存在一定差异，甚至在教学内容上也有一定变化。例如，以传习理学为主、重视讲会的书院，主要出现于明末清初，注重肄习经史辞章之学的书院兴起于乾隆、嘉庆年间。书院的发展并不一帆风顺，明代，由于新学与传统理学的纷争以及党争，书院经历了几毁几兴的起伏。清代，雍正初期也曾出现过抑制书院发展的迹象，不过并没有影响到书院的普及，起伏的波及面和影响力也存在地区差异，在相对起步较晚的贵州书院表现不很明显。总体而言，书院的境遇各不相同，但有着相似的发展脉络，积淀下来了共通的书院文化、书院精神，是生生不息的中华文明的重要传承方式之一。与官学相比，除了共同的政治、文化功能外，也有自身的办学特点与传统。王阳明认为书院存在的意义就在于补救官学的流弊，当官学受科举之累而迷失讲求“明伦之学”的前进目标时，就应由书院替换之。这一“书院观”有助于推动书院形成自身的办学优势，对他及其弟子所讲学的贵州各地的书院产生了更深的影响。

作为有别于官学的一种独立的民间教育机构，早期的书院往往由富商、学者自行筹款，于山林僻静之处建学舍，或置学田收租，以充经费。清代的书院发展还有一个突出的特点：同以前朝代著名书院多位于名山胜地等僻静地区的状况不同，这一时期，伴随着社会经济的发展与官方在书院建设中所起作用的强化，书院教育的中心愈来愈转向城市，逐渐形成著名书院大多位于较大城市的状况。

贵州书院起步较晚，像铜仁这样的边远地区，由官府倡建的书院为多。同时，也始终保持了捐资助学的优良传统。在书院运作的经费上，政府除了拨款以外，还拨以学田，用租银充作书院经费。学生来院听讲，由院提供膳食，未经政府注册的书院，学生自备用费。书院的管理层构成、职能在不同时代有所变化，一般设有山长、斋长、监院。山长，也有称院长的，是主持院务的人，由邑令礼聘知识渊博、国文功底深厚、德高望重的贡举或宿儒担任。斋长在有的书院是从生徒中选拔，由山长保荐，知县委任，其职责是协助山长，有的是指分斋教学中各斋的负责人（类似今天大学的学科负责人）。监院从事有关生徒学习、生活等方面具体事务的管理。清代监院地位仅次于山长，负责院内总务。在生徒方面，既有不以籍贯为限的书院，也有只教授本乡、本宗族、本地区生徒的书院；既有只选择“俊秀”者入院学习的书院，也有并不选择生徒的书院；既有专供生员肄业的书院，也有只招收儿童入学的书院。清代乾隆以后书院分省立、府立、州县立三种，分别招收本省、本府、本州县的生徒肄业。在清代，书院官学化趋势更加突出，政府采取了一系列措施，加强了对书院的管理和控制。书院的生徒，由各州县选拔。对山长、教师的考核、惩罚、提调，也由地方当局办理。

书院的教学科目及教育实施状况与官学略同，培养君子人格的教育追求始终如一，以圣人之道、之言为主的教学内容尤为稳定。但是书院的教学内容和学生读物中有教师们自己对“四书”“五经”的研究心得，一般是以注疏、讲义或谈话语录的形式出现。另外，书院是要讲学的，这是与传统学校的区别所在。古代学校就跟我们现在的小学、中学一样，让学生反复练习要考试的内容，反复背诵、反复记忆、反复做习题，它们不讲学。另外，山长讲课主要讲自己的学问，这类似于当代大学教师结合自己研究成果的课堂教学。学生主要自学，山长、教师更多的是方向上指点，精神上引导。有时学生程度太差了，山长会让入门较早的学长先带他。

书院一般有严整的教规。制定章程、学规，规范和约束师生的言行举止，劝善规过，提升品位，是书院制度确立的一个重要标志。例如，朱熹制定的《白鹿洞书院揭示》又称《白鹿洞书院教规》影响后世几百年。他选取古代圣贤教人学习内容，高悬在讲堂之上，提醒学生在一思一念一言一行中，都应存有诚勉谨慎和警惕防范心理。除了宏观的方向性规定外，每个书院在具体运作过程中，其实还有非常多、非常细的规范，包括怎样吃饭、怎么缴费、每个月集会几次等。

随着书院官学化不断严重，教学偏重于为科举服务。书院积弊日深，大多书院山长不称职，生徒潜心功名、贪恋膏火，精力消磨于八股文为主的无用之学，加之民族危机、社会危机日益加深，以至书院最终被废改。但瑕不掩瑜，书院在上千年的发展演变的历史长河中，促进了中国学术思想、文学及教育的发展，留下了丰富的文化遗产，是促进当代文化繁荣、教育振兴的宝贵资源。

黔东书院概览

（一）开创

黔东书院之开创亦即贵州书院之开始。贵州在永乐建省前，土司割据，经济发展落后于中原，人口稀少，书院教育也远远落后于中原地区。南宋绍兴年间，在贵州黔东地区建立的鸾塘胜院（即书院）和竹溪胜院，是目前有文献记载的已知今贵州境内建立最早的两所书院。《铜仁地区教育志》载："鸾塘书院，南宋绍兴年间（1131—1162）创建，在沿河司（今沿河县）城东的鸾塘村，至清代始废，今残缺石碑尚存。竹溪书院，南宋绍兴年间沿河司北部张氏族人在聚居的麻竹溪创建，尚留遗址断碑。"这两所书院之所以在贵州最早建成，恐怕与所在地交通相对便利无不关联。陈鼎在《黔游记》中说："黔中诸郡荒凉，惟思南府最盛，有水道通舟楫，货物俱集而人文可观。"另有一推测是今沿河、务川、酉阳、秀山、印江及德江大部、思南一部，属盛唐时期的思州，从辖区面积、战略地位、交通区位、经济文化发展水平等方面考察，思州都是当之无愧的黔中首郡。南宋时期，经济重心的南移和中原人口大量南迁，中原文化借黔涪相通的乌江水道源源不断地涌入思州，贵州地区历史上最早的书院创办于此地则顺理成章。书院之创，是贵州地方教育史上的一件大事，在当时对乌江流域人才的培养具有深远的意义。

目前，在书院名称上，出现了"鸾塘书院"和"銮塘书院"两说，"銮""鸾"之异，不仅是字面上的差异，而是对书院遗址究竟在哪有不同的观点。在20世纪80年代，各级部门考察人员数次到鸾塘进行考查，在鸾塘寨发现了一些石柱、石碑、青砖，以此推测书院楼房所在地遗址、认为鸾塘书院的遗址所在地应在今天的鸾塘寨。不同的观点则认为：考察是被现在鸾塘地名误导，把鸾塘黑虎寨黎公旦家出现的石柱、青砖说成是书院的遗址。用"銮"否定"鸾"，也就是不认同遗址在鸾塘寨。

据《思南府志》记载，沿河建书院始于宋代，主授"四书五经"，习"八股文"。主持人称山长，就读者分内外生童，一般每月集中两次上课，其余由生童个人攻读，经费由田租收入和捐款支付。宋绍兴年间（1131—1162），在城东建鸾塘胜院，清康熙癸酉（1693）举人朱可熹、朱可颐兄弟就读于此。府志中没有记载书院的具体地址，却提及了朱可熹、朱可颐兄弟。因此出现了书院遗址另一说，即书院名为“銮塘书院”，地址在朱可熹、朱可颐兄弟祖居地“官坝”。官坝原来叫当坝，清光绪二十三年（1897）朱氏族人所立《晓谕流芳》石碑中提及“五子三婿皆列科名，吏府曾赠‘建安遗风’四字”。朱可熹等人在外当了官，这在蛮夷之地的沿河实属破天荒的大事，人们将朱姓居住的村寨当坝更名为官坝。村里有一《銮塘书院简介》，其中说到銮塘书院位于贵州省沿河县沙子街道大漆村官坝学堂堡，它前拥绿水、后坐官山、环境清幽，是当地不可多得的风雅之地。清康熙年间，中邑人孝廉朱可熹和胞弟朱可颐也在此读书。据查证，史书记载的此“銮”非彼“鸾”，且历史时期“鸾塘”所辖范围一直有变，官坝“学堂堡”贯穿始终，当为朱可熹等人求学之地。的确《沿河县志古迹志》（九六卷）记载的是“銮塘胜院院址在官坝”，这与《思南府志》记载有出入。“銮”“鸾”之混的原因难以考究，遗址之争一时也难以定论。其实，历史上的官坝与鸾塘本属同一地域，统称鸾塘。鸾塘寨与官坝隔河相望，共同位于景色宜人的白泥河畔。

（二）发展

黔东书院的发展走在省内前列。现铜仁市所辖区县曾有的书院在明清时期分属于铜仁府、思南府、思州府、石阡府以及松桃直隶厅。明清书院的发展可以说是几度兴衰。明初，因为汉族统治恢复，提倡科举，重视官学，士人也都热衷于正统学业，书院受到冷落。贵州书院发展更为落后。从明初到成化末年的120年间，贵州书院发展近乎空白。史载明初的5所书院，除了鸾塘胜院（清代始废），事实上已不存在。竹溪胜院、贵阳的文明书院其实在元末已成废址，思南府、镇宁州的书院只见于史料记载，无从寻址。明代中后期，阳明心学兴起，一些被谪贵州官员热衷聚徒讲学，加之贵州提学副使，毛科、席书、蒋信、徐秉正等都对发展书院教育特别重视，以及开闱乡试的推动，带来了书院的勃兴。

正德元年（1506）毛科倡建的铜江书院是明朝铜仁属地首建的书院，也是贵州省较早建成的为数不多的书院之一。由于经历几毁几修，四迁其地，旧址难以考究。乾隆三十六年（1771）重建书院，郡人刘朝祚作的《铜仁书院碑记》中说道“旧址无存”。现在一般认为在殷家凸（位于城南的江宗门），张羽琼在《贵州书院史》写道，“道光三年（1823），知府陈兆熙移建书院于殷家凸，即前明书院旧址，并自撰《劝移书院引》”，但这与徐节记文中“择郡城迤东”不相吻合。

在毛科、席书、蒋信、徐秉正等人影响下，贵州一些地方官吏纷纷捐资创办书院。铜仁知府曾上奏说：“本府新设入学庙堂斋舍未备，生徒讲肄无所，欲发民创构，未敢自擅。”朝廷命工部“从其所奏”，于是地方政府遂在铜仁府属各地修建了一批书院。从明正德元年至万历年间，铜仁属地建的书院有石阡府的镇东书院、明德书院，思南府的为仁书院、斗坤书院、大中书院（清雍正十一年更名为中和书院），平溪卫（今玉屏县）的兔儿坪书院。数量占贵州书院三分之一。

清代铜仁书院迅猛发展，就思南府而言，思南县重建与新建有为仁书院、中和书院、凤仪书院等11所，印江县建有依仁书院、育才书院等4所；沿河县建有鹤鸣书院；安化县（今德江县）建有文思书院（咸丰年间毁于兵火后移归凤鸣书院，光绪八年重建取名龙津书院，二十年后恢复原名）；石阡府的石阡县建有起凤书院、龙川书院（由明德书院多次重建后更名之）；思州府的玉屏县建有印山书院；铜仁府除了几度重修铜江书院外，在江口县建了桌山书院、双江书院。松桃直隶厅建有崧高书院、松茂书院、松阳书院。有关这些书院的文献资料不是很多，记载详略不一，研究有待深入。现略举几例：

为仁书院创建于1567年（明隆庆年间），原位于铜仁思南城东北（今思南县第六中学实验楼处），为明代大理学家王阳明私淑弟子郡人李渭讲学地，也称“为仁堂”，是原民国时期思南“县立初级中学”校址起源（后改建思南师范学校）。思南师范整体搬迁后，于2012年9月成立今思南县第六中学。

明德书院，又名龙川书院，位于铜仁石阡。明隆庆六年（1572）知府吴维京建于学宫右。万历六年（1578）知府郑一信重修。三十四年知府郭原宾复修。清顺治十四年（1657）毁于兵火。康熙三年（1664）知府刘启复立门楼，重署“明德”额。后又经两次增修、重修。道光二十一年（1841）知府宋庆常改为考棚，继任知府王兆俊迁建于河西岐凤山。咸丰间又毁于兵。光绪三年（1877）知府杨熙瑞在岐凤山原址重建，并将其旁岐凤寺划入，以扩大规模，并更名“龙川”。旧址今为石阡中学。

依仁书院，原为龙津书院，1902年改为印江高等小学堂。现为印江民族中学。记载书院发展历史的文献资料有限，且出入较大。一种观点是始创于明代。明万历二十四年（1596）印江知县张镕始创。明嘉靖十年（1531）知县彦阶在龙津书院前东南角修建文昌阁，并对龙津书院维修改建。清康熙二十一年（1682），知县刘名标、马仕芳对龙津书院再次改建，更名为“依仁书院”；清嘉庆七年（1802），更名为“近奎书院”；嘉庆十五年（1810）恢复原名。

另一种观点是始创于清代。乾隆十七年（1752），知县黄文则奉命于印江城西龙津寺东侧建立龙津书院。此前数年间，有马士芳等知县讲学于龙津寺，听者颇众，培养了不少人才，为龙津书院的建立奠定了基础。嘉庆七年（1802），知县张锡谷集资进行了重修，并易名为“近奎书院”，嘉庆十三年（1808）易名为“依仁书院”，也有说是道光二十一年（1841）易名的。清嘉庆印江知县张锡谷撰写的《龙津书院碑记》写有“自黄公文则始，亦后六十年而余修之”，另道光《印江县志》记有：“前己巳，邑侯马公士芳讲学龙津，一时得人最盛，继马公而创修书院者黄公文则也历年久远，遗址荒芜。”据此，较能支持第二种观点。认为始创于明代，可能是把修建文昌阁的时间定为书院的创建时间。《重建文昌阁记》记有“文昌阁，前己巳崇祯二年（1629）为邑侯江南人史公谏所建”，《龙津书院碑记》记有“印江有文阁也，自史公谏始，后六十年（康熙二十七年）而马公士芳修之，其侧有书院也”。“其侧有书院也”是一百多年后张锡谷的描述，很容易误以为在重修文昌阁时就已经有了龙津书院。其实，马士芳重修了文昌阁，不是书院。同时期，他是在龙津寺（距文昌阁一里远）讲学，不是在书院。由于龙津讲学影响很大，后来的知县黄文以龙津为名，修建书院。

卓山书院创建于清代光绪四年（1878），由贵东道易佩绅将江口大佛寺改建而成。光绪十七年（1891）改为双江书院。卓山书院曾留下一段秘密组织“哥老会”反清复明的传奇故事。光绪三年（1877），贵东道易佩绅（驻古州），领兵数千，驻扎江口，亲自督战，收捕起义失败后在梵净山凭险继续抗清的义军。师久无功，怕受上司惩罚，便改梵净山为卓山，1878 年在大佛寺内设“卓山书院”，提出“以教治乱”，以此向上塞责。

崧高书院，清道光九年（1829）松桃厅直隶同知（官名）高中谋购置城东南小河对岸万寿宫地基及乡绅应发贵、应发元、姚达县的地基合建而成。背山面河，地址宽阔。书院有讲堂 5 间、左右斋舍各 10 间。次年同知胡先达续建照墙、门牌楼、文昌宫、山长住房等。光绪三十二年（1906）改办为简易师范传习所，旨在加速新学师资培养，松桃杰出人士戴人俊任所长。次年，在他倡导和主持下，筹集资金，对原书院加以修葺扩建，传习所改为松桃厅初级师范学堂，并增设蒙学堂、高等小学堂。1908 年学堂与师范分设，名为松桃厅官立高、初两级小学堂，并聘请当地饱学之士担任教员。原址今为铜仁松桃县蓼皋镇第一完小。

1901 年清政府颁布了“书院改学堂上谕”，全国推行书院改革。贵州地方政府对旧教育的改革，据记载还早于全国各省，但发展缓慢。铜仁属地的书院大多改为中、小学堂，面向初等教育。如依仁书院 1902 年改为印江县官立高等小学堂，今为印江县民族中学；印山书院 1903 年改为玉屏县立印山高初两等小学堂，今为玉屏印山民族小学；凤仪书院 1904 年改为官立中学堂，1907 年改为官立高等小学堂，今为思南实验小学；文思书院现为德江城关一小；鹤鸣书院旧址上创办了沿河县初级中学，现为民族中学。1898 年铜江书院移至便水门，1914 年在其旧址上创办道立第二中学，三年后停办，1928 年秋书院在州军阀战争中被焚毁。

（三）回望

黔东书院在贵州教育发展史上留下了浓墨重彩的一笔。铜仁各地书院发展不平衡，办学层次、规模有所差别，有的几毁几建，有的过早废弃，但总体而言，在向社会各阶层传播主流的儒学思想、普遍提高文化层次、满足民间文化教育需求、促进了地方文化繁荣、服务科举等方面，彰显了传统书院固有的价值。

传统书院离我们远去，已成为一座城市的记忆，始建时气度非凡的门堂廊屋、平整光洁的青石地板早已没了踪影。但是，所留下的有限的文献资料、碑文或其他遗存物是宝贵的传统文化研究资源，蕴含着丰富的精神财富。有许多可圈可点之处，略举几例：

例一，明清时期留下了铜仁书院的文字记载，有《铜江书院记》《依仁书院记》《修建书院记》《石阡书院碑记》《筹捐书院奖赏碑记》《铜仁书院碑记》《建修铜仁书院记》《移修铜江书院记》《劝移书院引》《书院田序》《崧高书院落成记》《龙津书院碑记》《为仁书院记》《崧高书院条规》等，这里面有很大的研究空间。

例二，著名书法家严寅亮手书《改修铜江书院碑》并勒石。碑高 2. 43 米，宽 1. 6 米，厚 0. 09 米。字为楷书，体势轩昂，运笔圆润。碑刻保存完好，现藏于铜仁市文化馆，是十分珍贵的文物。

例三，印山书院是省内至今尚存完好的古书院。2006 年被省人民政府公布为“省级重点文物保护单位”。印山书院现为玉屏印山小学，坐落在玉屏县内，历史悠久、环境优美清新、古色古香，是贵州省内环境最好的小学之一。

例四，石阡龙川书院藏书是清代贵州书院中保存最为完好的，藏书丰富，地方文献记载，书院当时藏有经、史、子、集等图书数千卷，并保存有图书详细目录。改办为石阡官立中学堂后，这批图书被当地教育界人士精心保存。1949年后，这批珍贵古籍一直保存于石阡中学图书室。1953年9月，石阡学者成启宇还将自己保存的257册图书存入石阡中学图书室。

例五，清道光十五年（1835），松桃厅同知徐鋐制定了《崧高书院条规》，共20条，其中，考课条规12条，训饬条规8条，是贵州书院保留下来为数不多的条规，非常珍贵，内容翔实。例如训饬条规8条，不但对学生行为规范作了明确要求，还说清道理，语言生动，无微不至，情真意切，可行性很强。既有立人品、敬顺父母、兄弟友爱、家人和睦、朋友劝勉这些做人、处事的具体要求和原理，又详细交代如何阅读、作诗、书法。

例六，被称为王阳明的再传弟子的思南籍理学名家李渭先后在为仁书院、中和书院、斗坤书院讲学，兴学黔中，大兴书院文化，书写了黔中地区思想文化的辉煌篇章。他秉持“中和”与“为仁”的儒家思想，在实践中寻找“真心”，在治学中立志成圣，为传统理学做出了新贡献，对阳明心学的传播和兴盛起了重要的推动作用。他在中和书院讲学时，留下“中和”的墨迹。“中和”所蕴含的哲学智慧将启迪我们对当代教育问题的思考。

书院文化的传承

书院文化是书院活动方式的总括，是对书院历史贡献的凝练。对书院文化的认知体现了当代人的价值判断。传承书院文化需要用时代的眼光去审视、解读它的核心要义及其表现形式。文化创造、文化积累和价值传播是书院文化的基本内涵，其精髓是中国儒家文化中所倡导的明德正心思想，一种使命的自觉担当。明德在发扬自身光明之德，以治国平天下为己任，正心在求真问学、不以一己之是非为是非。书院文化作为一种制度文化、一种精神文化、一种价值取向、一种教育思想与理念，之于当下教育如何培养人才和教化人心不无启示价值。传承书院文化，是传承中华优秀传统文化的重要组成部分，对推动民族文化振兴、增强文化自信有着重要价值。

书院文化的优势往往是较官学而言的，特别是在以私人或社会团体为主举办的书院，教育内容和教学方法非常灵活自由，自由讲学、会讲制度及学术研讨则是官学鲜见的。会讲也称讲会，允许不同学派相互讲学，讲会活动中，容许持有不同甚至相反见解主张的学者互相切磋、研讨，主张求同存异，以文会友，风气民主，具有“百家争鸣之精神”。官办学校主要推行科举应试，而书院更多关注做人的教育，更贴近学生发展和教育规律。一般而言，书院承担教育普及和人才选拔的双重压力不如官学那么重，且办学规模较学校小，这有利于追求高等学问，营造自由的学术氛围，增加师生交流的机会，产生更多的思想成果。另外，书院的办学环境不像官学位于交通便利的城市之中，而大多是选择地处偏僻但风景优美的地方，这有利于学生涵养心气，专心学问。可以说，古代书院是能够代表学术真精神、教育真精神的育人场所。

书院这一种独具风格的教育机构，形成了一整套教学与管理的优良传统，孕育了一代又一代的贤人志士。周敦颐、范仲淹、朱熹、陆九渊、王阳明、王夫之、戴震等大教育家，无一不与书院有着千丝万缕的联系。他们的学术活动、思想之光与书院人文精神互通交融、相互促进，他们是书院文化的杰出贡献者。正如，在贵州创办龙岗书院，讲学文明书院的王阳明先生，其著名的“知行合一”学说，震撼了明代中叶的思想界，也为贵州教育界打开了新思路。他主张“明伦之学”，强调求道与求学的统一，针砭受科举之累的官学，这与今天学校落实立德树人根本任务，反对应试教育完全契合。在教学上，他根据自己悟道所得，采用了咏歌、问答、闲聊等多种形式，使学生易懂、易记、易诵。他强调独立思考、因材施教，反对“鞭挞绳缚”学童，主张根据儿童的心理特点与接受能力来进行教育等等，都是非常有价值的见解。

教育史专家张正藩教授在《中国书院制度考略》中指出，书院“对于我国教育、社会、政治及学术思想等方面，均有极大之影响。仅就教育而言，如院址之优美，讲学之自由，教训之合一，以及有教无类，因材施教，注重自动自发之研究精神等等，若与现代之大学比，实有过之而无不及也”。书院诸如自主办学、名家治校、教研结合等等都是宝贵的历史经验，有着很强的现实意义。最为珍贵的是，书院文化中有一个非常重要的书院精神，即质疑、问难、辩论之精神，即一种独立自主、理性批判的精神。书院的终极意义应是一种精神的启悟，是给人以思想，教人们学会思考。传承书院文化，实质上是传承书院曾经承载的优秀的传统文化，使之成为令人向往的人文高地。传承书院文化绝不是打造多少个文化运营空间，而是一种生活品质和审美品位的塑造，实现价值关怀与知识追求的统一。

传承书院文化对克服现实功利社会积弊具有现实意义。书院最初的那种特别的“山林气味”、远离红尘世俗的超拔姿态，早已经荡然无存。书院曾有的社会责任、经世理想渐渐稀薄，但这些恰恰是传统书院精神之源，核心要义，正是当今社会十分稀缺，且急需重拾的书院精神所在。在教育领域，这种精神有利于认真反思功利主义导致的片面教育行为；反对过于看重学业发展，而忽视健全人格的塑造、弱化人文关怀；纠正“只认分，不认人；只认利，不认理”的错误思想；杜绝种种急功近利、浮躁、浮华、浮夸等偏离学校应有的精神与文化、偏离党和国家的教育方针的行为。

传承书院文化应当具体体现在个人及集体的行为方式上。在个人的学习上，表现为自主学习的精神、独立思考的习惯、敢于质疑的勇气；在学术研究上，能够潜心学问、大胆探索、博采众长；学校教育做到育人为本，立德树人；反对“五唯”；广大教师既传播知识，又塑造灵魂、塑造生命。过去，书院的勃兴推动了古代教育的发展，如今传承书院文化、复兴书院，必将助推新时代文化、教育的兴盛。传承与复活不是仅仅满足于重新修复书院、发展文化旅游、传诵古代经典或生硬将四书五经纳入学校课程等，而是一种具有时代意义的深层次的精神追求。

【拓展阅读】

白鹿洞书院揭示

朱　熹

父子有亲；君臣有义；夫妇有别；长幼有序；朋友有信[1]。

右五教之目。尧舜使契为司徒[2]，敬敷五教[3]，即此是也。学者学此而已，而其所以为学之序，亦有五焉，具列如左：

博学之；审问之；慎思之；明辨之；笃行之[4]。

右为学之序。学、问、思、辨，四者，所以穷理也[5]。若夫“笃行”之事，则自修身以至于处事接物，亦各有要，具列如左：

言忠信，行笃敬。惩忿窒欲[6]，迁善改过[7]。

右修身之要。正其谊，不谋其利[8]。明其道，不计其功。

右处事之要。己所不欲，勿施于人[9]；行有不得，反求诸己[10]。

右接物之要。

【注释】

[1] 语出《孟子·滕文公上》。中国古代社会将君臣、父子、夫妇、兄弟、朋友等五种主要人际关系定为“五伦”。它是自然而然的，既是人的天性，又是天道使然，顺性以为社会伦理基础，顺道以为社会道德标准。

[2] 契：商代先祖，曾协助大禹治水，尧、舜时任命他作掌管教育的司徒。

[3] 五教：即五常之教，教父以义、教母以慈、教兄以友、教弟以恭、教子以孝。

[4] 语出《礼记·中庸》：“博学之，审问之，慎思之，明辨之，笃行之。”这里，从人的认知规律出发，对学习方法和步骤做了精准的概括。博学，是增广学习的范围；审问，是挖掘思维的深度；慎思，是提倡独立思考；明辨，是训练思维的灵敏；笃行，则强调要知行统一、学习联系实际并有所创造。

[5] 穷理：即致知、求知的意思。儒家所谓。学、问、思、辨四者，目的都是为了求知。

[6] 语出《周易·损》：“损，君子以惩忿窒欲。”忿：分心之谓，指意绪纷如的杂念。

[7] 语出《周易·益》：“君子以见善则迁，有过则改。”王弼注：“迁善改过，益莫大焉。”

[8] 语出《汉书·董仲舒传》：“正其谊。”谊：合理的道德和行为。

[9] 语出《论语·颜渊》：“仲弓问仁，子曰‘出门如见大宾，使民如承大祭。己所不欲，勿施于人，在邦无怨，在家无怨。’”

[10] 语出《孟子·离娄上》。它的含义是：事情做不成功，遇到了挫折和困难，或者人际关系处得不好，就要自我反省，一切从自己身上找原因。

【阅读提要】

《白鹿洞书院揭示》亦称《白鹿洞书院学规》《白鹿洞书院教条》，是中国书院发展史上一个纲领性学规。《白鹿洞书院揭示》问世后，朱熹弟子曾上奏朝廷，“请刊行所注‘学’‘庸’‘语’‘孟’以备劝讲及白鹿洞规示大学”。(《宋元学案·沧州诸儒学案》)。宋淳祐六年（1246)，理宗诏颁《白鹿洞学规》于各州府县立石。此后《白鹿洞书院揭示》便成为全国学校和书院共同遵守的准则，被看成是书院精神的象征，得到普遍的承认与推崇。《白鹿洞书院揭示》内容是从过去的经书中提取的，集儒家经典成语，便于学者记诵，同时也体现了朱熹比较完整的书院教育理论。除了重视儒家的知识之外，书院还十分重视对学生的品德教育，重视学生的身心修养。他认为实施五教，即“父子有亲，君臣有义，夫妇有别，长幼有序，朋友有信”是书院教育的根本方针，也是道德教育的重要内容。

朱熹（1130—1200)，字元晦，后改为仲晦，号晦庵，祖籍徽州婺源（今属江西)，出生于南剑（今福建南平）尤溪。他19岁登进士，不久出任泉州同安主簿。同时，他开始师事程颐三传弟子李侗。朱熹先后任官14个年头，其余时间多是著书授业。每到一地，他都要创办学校：在泉州创设县学，在漳州创设州学，在南康修复白鹿洞书院，在潭州修复岳麓书院等，前后讲学达50年之久。朱熹关心国家大事，向朝廷推崇理学，强调修身，力主抗金，但不被重用。后一度担任皇帝侍讲，历任知江西南康军、知漳州、知潭州、焕章阁待制兼侍讲等地方和朝廷职务。朱熹一生著述繁多，主要教育著述有《大学章句序》《白鹿洞书院揭示》《学校贡举私议》《读书之要》《童蒙须知》等。

【推荐阅读】

[1] 张羽琼：《贵州书院史》，贵阳：孔学堂书局，2017年。

[2] 龚鹏程：《书院何为》，济南：山东画报出版社，2016年。

[3] 邓洪波：《中国书院史（增订版）》，武汉：武汉大学出版社，2012年。

[4] 陈青之：《中国教育史》，北京：中国社会科学出版社，2009年。

[5] 王涵：《中国历代书院学记》，北京：商务印书馆，2017年。

[6] 赵厚勰，陈竞蓉主编：《中国教育史教程》，武汉：华中科技大学出版社，2012年。

【思考题】

1. 与古代官学相比，传统书院的办学特点是什么？
2. 你是如何理解书院文化的？你认为应该如何传承书院文化？
3. 若在铜仁复兴书院，你有什么建议？

诗词文化篇

第三讲　他山有石　苞竹有节

【学习目标】

掌握赋中重要字词的读音和含义；了解赋中的用典；了解赋作为一种文体的构成、特点和历史发展。理解竹鸡的形象；理解中国古代隐士的相关情况。培养自己高尚的情操，学会自尊自重，坚守操行。

【学习重点】

“文以载道”，诗歌中所反映的自然景观、社会现象和诗人思想情感。

【学习难点】

诗赋中象征和对比手法的运用。

【学习例文】

竹鸡赋

陆世楷

何覆载之发育兮，生万类而无遗！即竹鸡之微禽兮，亦赋性而有知。修文羽以似雉兮，形相肖而轻微。备火德之光明兮，无斐尾而翱披。声嘐嘐而相续兮，蚁旋化而为泥。厉耿介以存心兮，不履险以集危。或时饮而时啄兮，常顾虑以审机。或呼朋而引类兮，觉少长之有仪。知竹之为君子兮，惟朝夕之是依。故其为物也，生于篨篨[1]，长于筦筌[2]，巢于篔筜[3]，集于射筒[4]。湌乎其篁[5]，饮乎其泉，步笆笭[6]以自乐，闻箪箪[7]而知还。笑窗禽[8]之炫智，恶晓唱之多言。悲北伐以为谋[9]，羡化雉之若仙[10]。不怀宝以贾祸，不饰表以招愆。是其赋性也固殊，故其尚志也独严。

若夫春融景明，天朗气清，照日当空，松柏青青，惠风和畅，虎啸龙吟。友七贤以娱志，对竹楼以怡情。偕修竹之佳士，任徜徉以舒襟。不愧不怍，知止安宁。弗争鸣而耀采，又何罹乎缴缯[11]。至于严霜凛雪，时阴沍寒[12]，木叶尽脱，百物凋残。苍鹰健翮而利爪，鸷鹞疾视而飞搏。彼则养重篸箬[13]，敛迹篛筠[14]。任大鹏之遐举，能定虑以安身。具机先之哲，得出处之真。任狂飙之上下，付理乱于不闻。

因为之歌曰：窥尔形兮亦何微，羡尔志兮亦何巍，嘉尔智兮识安危，同羽族兮独无悲。竹有节兮择而居，本无心兮因其时。人为灵兮何见迷，无所赠兮赋以辞。

【注释】

[1] 箖箊：即箖箊，古书上说的一种竹子，叶薄而宽。

[2] 笎箬：笎、箬皆竹名，见《广韵》《集韵》《类篇》。

[3] 篔筜：一种皮薄、节长而竿高的竹子。

[4] 射筒：竹名。

[5] 䈂：竹花。

[6] 篦笭：篦、笭皆竹名。

[7] 篳篳：竹子相互击打的声音。

[8] 窗禽：指代公鸡。

[9] 指代闻鸡起舞的典故。

[10] 指代何仙姑度化公鸡成仙的典故。

[11] 缴缯：即矰缴，猎取飞鸟的射具。

[12] 沍寒：寒冷。

[13] 篸箬：竹子名。

[14] 篛筠：竹子名。

【译文】

天地萌生万物，没有遗漏。尽管竹鸡是微小的禽鸟，但也有其天性并很有智慧。它有野雉那样彩色的羽毛，与其外形相似却个头细小。它同为南方之鸟，却没有漂亮的尾羽，只有细细的绒毛。它不断地发出嘐嘐声，蚂蚁听到后立刻化作泥土。时刻勉励自己内心要正直不阿，不要身处险境而招致危险。有些竹鸡时而饮水时而啄食，时常思前顾后，有所疑虑，以便细察先兆。有些呼朋引伴，明白年少与年长各有自己的容止仪表。知道竹子是君子，从早到晚都依傍着它。所以竹鸡处事，在箖簇中出生，在笎筌中生长，在篔筜中安家，在射筒中栖息。吃着竹花，喝着竹泉，在筢筂中散步而自娱自乐，听到箪箪的呼唤声就返回巢穴。嘲笑公鸡炫耀自己的智慧，厌恶它多讲闲话式的早上打鸣。对北伐孤竹之谋略感到悲痛，却羡慕竹子化蛇而蛇又化为野雉而成仙。从不怀揣宝物来招致祸害，不修饰外表来招惹罪愆。它的天性生来就与众不同，所以它严守自己高尚的节操。

像那春风和煦，阳光明媚，天空晴朗，气候清和，烈日当空，松柏郁郁青青，微风温和舒畅。虎在长啸，龙在低吟。与竹林七贤相伴为友来寄托高尚的志向，背靠竹楼心情怡悦。与竹林七贤一道无拘无束，从容自得，心情舒畅。没有愧疚，懂得知足，安定平静。不竞相鸣叫，炫耀身上的花纹，又怎么会遭受系有丝绳的短箭呢。而霜雪凛冽，天气寒冷，树叶全部脱落，万物凋零枯残。黑鹰翅膀鸷鹞矫健爪子锐利，瞪着大大的眼睛在天空中翱翔，而竹鸡隐藏在篯篟篛筠之中。任凭鹏鸟在天空展翅高飞，而竹鸡能思绪平静，自身平安。具有洞察事机萌动未发之时的智慧，知晓出仕和隐退的真谛。任凭狂风上下翻腾，对外界的大治和纷乱付之于不闻不问。

于是为竹鸡写了一首诗：看到你的身形是多么的渺小，而你的志向多么崇高，令人羡慕，你有明识安危的智慧，令人称赞，在所有鸟类里独独你没有悲伤。竹子有节操，所以选择它为邻而居住，内心无欲无求，万事都顺应时势。人为万物之灵，怎么就被迷惑！没有用来赠送的东西，赋诗一首吧！

【文化解读】

作者简介

陆世楷，字英一，浙江平湖人，清顺治五年（1648）以贡生身份提拔为平阳通判，后升任思州知府。在任期间，正值平定吴三桂，为方便军队供给，思州府设有平溪卫和清浪卫。后两卫归属湖广，但站夫仍循惯例由思州府派出，人事两属，颇烦琐，陆便上书部院，事得批准。后思州连年旱灾，斗米二千钱，官员请求陆开征秋税，陆认为不能实行，当地百姓十分感激，有一半以上的人缴纳税收。前任知府通过增加赋税得以升迁，陆到任后，把所有的土地用丈量的弓复核一遍，并上报请求仍旧按原来标准征税。此外，他坚持认为，思州虽然被列为府一级单位，但只辖属四个土司，城郭之外的居民不到百家，按人口所征收的税粮不如一个小县的数量，加上地理偏僻，很少有人来此行商，没有军队驻扎，供给很难与其他府相同，所以应当依照黔西、平远的制度，降为州一级单位，将其隶属于镇远，并把施溪土司分出去附属于铜仁府。这些倡议都没得到上级批准，未能施行，于是以生病为由，辞官归家。另浙江《嘉兴志》也有相关记载，“由拔贡补贵州思州府，大旱，斗米二千钱，停征税，民感，输者过半。乞归。著有《思州府志》”。

《思州府志》亦略其事迹：守思州府时，值吴逆甫平，居民流散，田土荒芜，奉旨丈田，则壤成赋。曾修《思旸志略》云云。

本文要旨

本文选自《思州府志》，题为《竹鸡赋》，即以竹鸡为描写对象，运用比喻、象征和对比等手法，刻画竹鸡质朴、睿智形象，实则是赞颂具竹鸡同样品行的隐士，同时也对当时社会中部分人为了名声，不惜以身试险，最后身败名裂、家破人亡的现象进行揭露和批判。

本文大致可以分为三段，第一段描写竹鸡质朴的外形，身形细小，没有光彩照人的羽毛；竹鸡生活习性，谨小慎微，知书达理；竹鸡的生活环境，与具有高尚节操的竹子为伴。

第二段描写竹鸡因有高洁自守的品行，在春和日丽的升平之世，内心恬淡，不炫耀卖弄，从而可以免于人类的射杀。在严霜冰冻的恶劣环境之下，万物萧瑟，百木凋零，其他鸟类失去保护的屏障，往往被鹰类猛禽猎杀。而竹鸡有在秋冬时节依然枝繁叶茂的竹林遮蔽，同时又能恰到好处地把握出入竹林的时机，鹞鹰即使在竹林外的天空中盘旋翱翔，竹鸡也能保全。

第三段抒情，赞颂竹鸡富有节操，充满睿智。反观为万物之灵的人类，往往被自己的欲望所迷惑，难以保持自己应有的节操，或将自己陷于危险之中，甚至家破人亡。

文章在写作上运用了多种艺术手法，最突出的就是象征和对比。

首先，竹鸡象征地位卑微、内心平静恬淡的隐士。在描写竹鸡外形时，使用

“微禽”“轻微”等词，指出它的体形细小，实则是象征隐士在社会上地位的卑微。在描写竹鸡内心平静恬淡时，是从几个侧面来分别表达的，一是写它的生活环境，生活在竹林里，“友七贤”。“知竹之为君子兮，惟朝夕之是依”，所谓物以类聚，人以群分，近朱者赤，近墨者黑。竹有节，即有节操，有君子之征，历来为文人所歌颂。竹鸡以竹为伴，即为有节操。隐士之所以隐，首先在于他的节操，而常持节操，往往为世俗所不容。唯有隐退，一则可以保全节操，一则也不屑与世俗为伍，所以“敛迹篱筠”，隐藏于竹林，对应于隐士归隐山林。二是写它的外貌声音等特征。外貌上“无斐尾”，说明它崇尚质朴，不好华丽的外表；声音中正平和，其声“嘐嘐”，但其震慑力足以使内心卑微的“蚁辈”产生强烈的恐慌，“旋化而为泥”。一个“旋”字，说明速度之快，折射其声威力之大。当然，并不是因为声音具有足够的杀伤力，竹鸡就会不停地发声，“恶晓唱之多言”，既然讨厌公鸡的多言，对竹鸡来说，自然很懂得发声的时机，它不会像公鸡那样，以此为资本，时时卖弄。三是饮食俭朴，“飡乎其篁，饮乎其泉”，喝的只是竹泉水，吃的只是竹花。四是生活简单而率性。“步笆笭以自乐”，最重要的娱乐方式是在竹林中散步，“无丝竹之乱耳，无案牍之劳形”，从不沉醉于声色犬马之中，生活十分简单，但又非常快乐。“闻箪箪而知还”，竹鸡的一天，就是在巢穴以外的竹林游玩，没有刻意的规定，到哪里去玩，玩多久，一切任其自然。即使回家，也不是日出而作，日落而息，只有听到“箪箪”的声音，有家人在呼唤了，才返回巢穴，生活率性而随意。这与陶渊明的生活方式，存在一定程度的暗合。正因为这样，才能做到“不愧不怍，知止安宁”。其实，“不愧不怍”与“知止”“安宁”之间，是互为因果的，也与前面所提到的相关生活环境和生活方式互为因果的。

其次竹鸡象征品行高洁、充满睿智的隐士。虽然竹鸡崇尚质朴，不追求华丽的外表，但“觉少长之有仪”，重视自己外在形象，待人接物注意礼仪。“厉耿介以存心兮”，就是时刻在勉励自己内心要正直不阿。“其尚志也独严”，则是严守自己崇高的志向。尤其是后两句话，都可与陶渊明的相关诗句相参证。此外，在作者看来，竹鸡充满睿智，“常顾虑以审机”，“顾”，《说文》：“还视也。”用在此处，非常传神，不仅写出竹鸡时刻还视周围，不断前后左右上下打探，保持高度警觉的神态，同时也描写它对周围环境时刻进行信息搜集，并对这些信息所反映出来的事态发展趋势进行分析，这就是“审机”“具机先之哲”，从而付之以最恰如其分的行动，那就是“不怀宝以贾祸，不饰表以招愆”“弗争鸣而耀采，又何罹乎缴缯”“得出处之真”“任狂飙之上下，付理乱于不闻”。这些可以从陶渊明身上找到很多的影子。

正因为如此，看透了当时社会的种种现状，作为深受道家影响的“竹鸡”，作个隐居竹林的隐士，是他当时能够作出的最佳选择。

其次是多角度运用对比表现手法。人与鸟的对比、竹鸡与野鸡的对比、和谐的春天和恶劣的秋冬环境的对比、竹鸡与公鸡的对比、竹鸡与野鸡结局的对比，所有这些，都围绕竹鸡形象塑造而展开，或突出它的质朴、或突出它的睿智、或突出它的高洁。

此外，文中也运用了烘托。有一两处句子是描写竹子的，“知竹之为君子兮”“偕修竹之佳士”“竹有节兮择而居”等句，因为“竹有节”，自古以来，将其与松并举，以喻有节操之士，《礼记·礼器》：“其在人也，如竹箭之有筠也，如松柏之有心也。二者居天下之大端矣，故贯四时而不改柯易叶。”后因以“松筠”喻节操坚贞。南朝齐王融《奉和南海王殿下咏秋胡妻》：“日月共为照，松筠俱以贞。”《梁书·元法僧等传论》：“侃则临危不挠，鸦仁守义殒命，可谓志等松筠，心均铁石。”文中将竹子称为“君子”“佳士”，渊源有自。在这里，实际是烘托竹鸡的高洁坚贞的品格。

总之，这些手法的综合运用，为塑造竹鸡这一美好的形象起到了重要的作用。

赋体释要

（一）赋的概念

在谈赋的界定前，先了解古代与文学有关的“赋”的表述。总体来说相关表述大致有三个方面的含义：一是一种表现手法，如《周礼·大师》：“教六诗：曰风、曰赋、曰比、曰兴、曰雅、曰颂。”郑玄注曰：“赋之言铺，直铺陈今之政教善恶。”又，《诗大序》：“诗有六义焉；一曰风，二曰赋，三曰比，四曰兴，五曰雅，六曰颂。”孔颖达疏同。也就是说，赋是与比、兴并列的一种表现手法。二是一种诵诗方法，《诗经》：“升彼虚矣，以望楚矣，望楚与堂，景山与京，降观于桑，卜云其吉，终然允臧。”毛传云：“建邦能命龟，田能施命，作器能铭，使能造命，升高能赋，师旅能誓，山川能说，丧纪能诔，祭祀能语，君子能此九者，可谓有德音，可以为大夫。”这里所说的“升高能赋”，就是指吟诵诗歌。三是一种文学体裁。赋作为一种文学体裁，在最初的时候，概念并不是太清晰，它与楚辞有紧密的联系：在《史记·司马相如列传》里，“景帝不好辞赋”，楚辞与赋是有分别的，而在《朱买臣传》里以辞赋之名来指称屈原等人的作品，则没有将两者区分开来。《汉书》也差不多，在《艺文志》里，“大儒孙卿及楚臣屈原，离谗忧国，皆作赋以风。”并录“楚屈原赋二十五篇”。《扬雄传》：“赋莫深于《离骚》，反而广之；辞莫丽于相如，作四赋。”辞赋是没有分别的。但在《地理志》中，专以楚辞来指称屈原等人的作品，则辞赋又是有分别的。而真正将两者分别开来，是在六朝时代。《文心雕龙》有《辨骚》《诠赋》，说明最迟到刘勰，骚和赋是两种不同的文体。萧统《文选》也将这两种文体单独立类，与刘勰一脉相承。

作为文学体裁的赋显然与作为表现手法的赋有密不可分的关系：赋首先是作为一种表现手法出现在《诗经》中，而后将这一表现手法的大量运用的一类文体就称之为赋。

（二）赋的特点

赋是一种文学体裁。介于诗歌和散文之间，半诗半文，却又非诗非文，总体来说，它有以下几个方面的特征：描写上，注重铺陈。挚虞《文章流别论》指出：“赋者，敷陈之称”，“所以假象尽辞，敷陈其志。”《文心雕龙》也认为：“赋者，铺也，铺采摛文，体物写志也。”赋之所以称为赋，是继承了《诗经》中赋的表现手法，在文章中大量运用，从而将大量运用这一表现手法的一类文章统称为赋。所以，无论是挚虞，还是刘勰，对赋的解释其实都是建立在汉以来对《诗经》中“赋”的经典阐释而略有发挥：赋为铺陈，是汉代学者对《诗经》中的“赋”的理解；“体物写志”则是对“赋”这一文体其他特质的总结和概括。从句式上看，赋是骈散结合。从音节上讲，赋是韵散兼行的。这里所说的骈与韵，是诗的特点，而散，则是文的特点。相对来说，从体制、行文和功用上，文的因素要大于诗的因素。从形诸口语上看，不像《诗经》等古代诗歌，可以合乐歌唱，而是不歌而诵。《汉书·艺文志》明确指出：“不歌而诵谓之赋。”也就是说，赋是没有配乐，只用来吟诵。不过，赋又区别于散文，由于它骈散结合，讲究韵律和节奏，这又使得它在这些方面跟散文存在一定的差异。此外，从行文结构上，也有一定的通式，“述主客以首引”。即虚设主客问答的方式来结构文章，篇前往往有类似序的段落作引子，篇末往往有类似楚辞中的“乱辞”的段落来作结尾。

（三）赋的发展及类型

赋源于诗，这自无疑义，《两都赋序》：“赋者，古诗之流也。”第一次对赋的来源作出结论。上文即已指出，赋是从《诗经》六义之一的“赋”发展而来，就是继承和发展了铺陈的手法。

当然，赋也不仅是来源于诗，赋的产生也深受楚辞的影响，《文心雕龙·诠赋》：“赋也者，受命于诗人，拓宇于楚辞。”如果说，辞赋从《诗经》中的六义中获得了一种基本的表现形态，那么可以说经过楚辞的哺育，它便已获得了自己的基本形态。最能体现这一特点的就是骚体赋，具有非常明显的楚辞的特点，当然，它也成了赋与楚辞相联系的重要纽带。退一步讲，即使是其他赋体，在酝酿过程中从楚辞吸收的营养也比从其他方面获取的要多得多。

促成赋的产生的另一个源头就是纵横家的说辞（或散文）。纵横家是特定时期的产物，盛行战国，秦汉亦有承续，但基本处于衰微。当时这些人活动的对象是诸侯，他们的目的也很明确，就是说服、打动诸侯，让诸侯赏识并接受自己的主张，从而猎取卿相之尊。这种情况之下，语言效果就显得很重要了。通过铺张扬励的语言来增强气势和说服力，我们只要研读汉代的相关赋作，就会发现：在精神和气势上，汉赋深受说辞影响，比如《七发》《子虚赋》《上林赋》《羽猎赋》等。

一般认为，中国古代赋产生于战国，盛行于汉代，发展于南北朝，而衰微于宋，元明以后，辞赋逐渐走向末流。虽然如此，本篇所选的《竹鸡赋》上承南朝至唐宋以来的小赋的特色，将抒情议论融入描写之中，含蓄委婉，清新可爱。

铜仁诗赋概览

铜仁是个神奇的地方，山奇水秀，民风剽悍，王化未远，而有从善之心。了解一个地方，可以从欣赏本地的山水开始，也可以从品读本地的文化开始。能将这两者完美结合起来的，就是与此有关的诗歌。有鉴于此，本篇特从铜仁县志、府志中摘抄出部分诗词歌赋，稍作整理，以供品读，以期读者能够从中感悟铜仁的奇山异水，淳厚风俗，兵体悟铜仁本土以及寓居当地的文人志士忧国忧民之志、寄意山水之情。我们生长在铜仁这片热土上，深爱着铜仁，所以也要了解铜仁的历史和文化，从而更好地建设铜仁，发展铜仁。

本篇所说的铜仁诗赋，从来源上看，可以分为两大类型：一是本非铜仁人，流寓铜仁而赋有与铜仁有关的诗作；一是本为铜仁人而赋有的诗作。从诗作内容上看，也可以分为两大类型：一是感叹时事的，比如郑逢元的《由思州过余庆告坟》，就是表达对明亡的痛惜，自己不能以死报国的愧疚，遁入佛门的忍死偷生；从杨芳的《题剑阁》里，我们读出的是报国的豪情和沙场的豪迈。龚自珍的《寄古北口提督杨将军芳》从一个侧面让我们看到一代文豪对杨芳将军的期待和欣赏。一是吟咏情性的。徐如澍、徐世垓，是铜仁清朝“徐氏家族诗人群”的代表。徐如澍用诗的形式给朋友介绍铜仁时，把铜仁介绍得令人心向往之，我想他当时自豪无比。徐世垓写《游龙山和萧紫芝韵二首》时，并不在铜仁，本是与人唱和，但脑子里却没有即景，描绘的全是家乡铜仁六龙山胜景，充分表现了他对家乡的思念和热爱。田榕《闻笛》的基调是冷色的，心中寂寥抑郁。也许玉笛表意会使人情不自禁达到极致？作为性情中的玉屏人田榕，所以做不到不以物喜、不以己悲吧。《梵净山重建金顶碑序》是目前发现的时代最早、内容最详尽的关于梵净山的记载的史料。其文骈俪优美，是咏叹描摹梵净山的诗文中的极品。其碑文至今完好，是梵净山的镇山之宝。梵净山被称为“名岳之宗”，也源于该文。阅读此文，对了解梵净山文化尤其是佛教文化的源流大有帮助，值得一读。

【拓展阅读】

由思州过余庆告坟

郑逢元

一见坟茔倍惨然，此番风景不如前。滇山楚水三年梦，子意臣心两地牵。
国难不堪推灶尹，乡音常自叩筵篿[1]。半途未遂从龙愿，逆旅恒惊逐鹿言。
宦念久灰蒙主眷，禅心未了结僧缘。绨袍恋恋犹承友，华鬓萧萧强去颠。
日望白云愁跛鳖，夜弹红血共啼鹃。高明倾倒犹舒意，俗鬼揶揄亦哽咽。
未死一身皆是罪，开言半句总成僭[2]。空囊虑仆饥无力，持钵于人苦更煎。
神鼎已迁无死所，玉门终愧有生还。含元远瞩悲愁草，凝碧遥看晃野烟。

残齿已经高犬马，微躯焉敢薄乌鸢[3]。山阳县里空闻笛，花萼楼中独听埙。

靖节有心培柳舍，东陵无计觅瓜田。兼山号道思元晦，天问名僧仰屈原。

中立未能娱绿野，茂先何以梦嫏嬛。时将毫白参迦舍，或念中黄[4]叩偓佺[5]。

尹谷仓忙行冠礼，钟仪颠沛奏南弦。家人远仆坟前石，稚子昏除壁上联。

事业未亲崖海上，精神常在鼎湖边。也知人事全无算，岂独天心不见怜。

黄壤未知王氏腊，青词犹写义熙年。潸潸更触伤心寓，顶上僧伽[6]易进贤。

深纂修余庆邑志，因郑公与钱君邦芑为世外交，故郑公亦并列于流寓。其时未由觅其诗文。今修思志，其孙必楷有志显扬，携残稿见示，忽睹此诗，不禁叹赏，殊愧前此搜罗未广，有珠玉之遗也。

【注释】

[1] 筳篿：古楚地人占卜的一种方法。

[2] 譻：罪愆。

[3] 薄乌鸢：逼近乌鸦与老鹰，指凌云志。

[4] 中黄：指中黄子，传说中的仙人。

[5] 偓佺：古传说中的仙人名。

[6] 僧伽：梵语的译音，意为僧人。

【阅读提要】

郑逢元，字天虞，又名天瑜，贵州平溪卫人。明崇祯癸酉科（1633）中乡试举人。崇祯十六年（1643），郑逢元以副使加参政，监滇黔楚蜀粤五省军。隆武元年（1646）丙戌四月，郑逢元督军平定一起叛乱，升为太仆寺卿。永历元年（1647）四月，转太常卿。永历二年（1648）戊子冬，郑逢元又被任命为兵部右侍郎，总督滇黔楚蜀军务。永历九年（1655）乙未，李定国密迎永历入滇，即孙可望所营宫殿为行宫，奉上居之。永历皇帝特召郑逢元，授郑逢元礼部尚书。永历十六年（1662）壬寅，吴三桂弑永历于滇南，郑逢元遂祝发于滇之宝台山，法号天问和尚，后隐居于贵州岑巩县茂龙塘，孝事老母。门生故吏，罕见其面。尝有诗自述已志，隐然以陶渊明自居。卒于1689年，享年76岁。清人黄嘉谷所作《郑逢元传》中记载：清经略洪承畴屡次强迫郑逢元出山，以佐维新。

传记中称赞其“生平忠孝大节实足壮山河之气，与日月争光”。郑逢元以义不可出山，竟然缁衣归里，隐居于岑巩县茂龙塘，念佛度心，孝事老母，以至终老。郑逢元一生清贫，喜好着诗，晚年归隐后所作诗集《谷口集》，署名天问撰。雍正年中，玉屏县令东阳杜兆丰及邑子田榕序刊以流传。郑逢元在《谷口集》中有《茂龙塘故事》一诗，展示玉屏人的文化底蕴和骨气：“山水多情笑我迟，狂吟随景快人思。溪翻急湍凫依渚，花发幽香蝶绕篱。苍鼠窜梁窥燕子，饥鹰穿水掠鱼儿。闲愁尽付风吹去，漫拥长竿钓碧漪。”此外，亦有《平溪卫志》一书传于世。

郑逢元不但是忠义之士，而且是传为佳话的大孝子。摇摇欲坠的南明遭遇清兵追杀，李自成余部大西军孙可望另立山头，在战乱纷纷的年月，郑逢元始终把父母带在身边，其父母跟随他过着颠沛流离的生活，在途经余庆县时，其父病死，葬于余庆县城南，隐居松烟蒲村，目的是为父守孝七七四十九天。后来，他多次辗转到父亲的坟前哭诉。清康熙年间，郑逢元再次来给父亲上坟时写下该诗，寄托自己的哀思。

【思考题】

1. 谈谈《竹鸡赋》的主旨。
2. 谈谈对郑逢元高尚品格的认识。

家训文化篇

第四讲　家训绵绵　文质彬彬

【学习目标】

掌握中国家训的历史发展演变；了解铜仁家训文化的历史源流；认同家训文化在塑造新时代家风中的积极作用。

【学习重点】

茶园山徐氏家族的家训传统。

【学习难点】

中国家训文化的发源。

【学习例文】

徐氏家训

敦孝悌：人皆有父母兄弟，子弟要尊敬父兄，父兄要爱护子弟，一家欢聚，毫无间言，便是和乐家庭。

睦宗族：凡人内有父子，外有宗族，同族之间，勿互相猜忌，须知族大人多，原是一脉相承，休戚相关，忧乐与共，务要和睦相处，互相帮助，共同发展，以臻家声。

立品行：为人要敦品立行，以仁爱为本，人无远近，事无大小，处处以诚相待，取信于人，而不见侮于人，切勿荡浮好闲，忽略小节，不能自尊，以失人格，以损家声。

正风尚：男女老幼，作风要端正，要谨言慎行，树立勤俭朴素之风，切勿有懒惰傲慢之习，影响家风。

课子弟：养子不教，教子不严，皆有父兄之责，子女在幼，应教以礼仪规范，入学接受教育，当以劝勉为先，能耕则耕，能读必读。如资质优异，当不遗余力，助其成才，习其所专，以勉后人。

尊师道：求学问，学技艺，须以居敬之心，聆听教诲，勤于课业，不得毁于随，不得荒于嬉，以负所望。

崇节俭：生活之用，必须节俭，应秉承竹村、介云之先范，俭以养德，勤俭立家之懿训，世代谨遵不移。

息争讼：本族子弟立身处世当以各条家训为准绳，严于律己，宽以待人，以减少争执，息事宁人。如与人引起争端，应尽力劝喻，当以理让人，亦不能有理不饶人，更不能无理以欺凌人。时时处处，以德化人，以诚待人，以情感人，和谐相处，方是至道。

【文化解读】

中国传统家训的内容与形式

（一）家训

家训是指家长在立身、处世、为学等方面对子孙的教诲。如开中国家训之先河的颜之推直言撰写家训的目的，乃“追思平昔之指，铭肌镂骨，非徒古书之诫，经目过耳也。故留此二十篇，以为汝曹后车耳”。明代张一桂《重刻〈颜氏家训〉序》：“迨夫王路陵夷，礼教残阙，悖德覆行者，接踵于世；于是为之亲者，恐恐然虑教敕之亡素，其后人或纳于邪也，始丁宁饬诫，而家训所由作矣。”清代龚自珍《〈怀宁王氏族谱〉序》则云：“家训，如王者之有条教号令之意；家训，以训子孙之贤而智者。”可见，无论是“以为汝曹后车耳”，还是“丁宁饬诫”，或“以训子孙之贤而智者”，都离不开家长对子孙在立身、处世、为学等方面的教诲这一内涵。现代学者张艳国认为“传统家训，是指在中国传统社会里形成和繁盛起来的关于治家教子的训诫，是以一定时代社会上占主导地位的文化内容作为教育内涵的一种家庭教育形式”。郭长汝认为“传统家训是一个有着多层意蕴的文化学范畴，既是指家庭教化实践的学理化成果，表现为理论著述家规祖训等，又是长辈对少辈耳提面命般的具体化实践”。

家训在中国传统社会中起着非常重要的作用。王士禛《池北偶谈》里讲到明末清初理学大家孙奇逢的一个观点："迩来士大夫绝不讲家规身范，故子孙鲜克由礼，不旋踵而辱身丧家者多矣。祖父不能对子孙，子孙不能对祖父，皆其身多惭德者也。"由此来看，家训似乎不可或缺。

（二）中国传统家训的内容与形式

纵览众多传统家训作品，不难看出，家训的内容十分繁富，小到修身齐家，大到治国平天下。其内容大致包括以下几大方面：

1. 论述治家之道

所谓治家之道，即讨论怎样处理好家庭关系和家庭事务。在家庭关系中，最首要的则是夫妻关系。传统家训认为"夫妇之道，天地之大义，风气之本原也"。提倡夫妇之间要和顺，为夫要守义，为妻要节俭；夫妻之间相敬如宾，和睦而美满。其次就是兄弟关系。"兄弟者，分形连足之人也。"就是说兄弟之间是一种血气相通、天然形成的骨肉亲情关系，相互间应友善相处，做到兄友弟恭。其三长幼关系。在这里家训十分强调父慈子孝这一原则，即家长对子女要抚养、关心与爱护，同时子女也要对家长行"孝"道；并对"孝"进行了许多具体阐述，如"君子之孝也，忠爱以敬"。当然敬老爱幼、尊师重道等方面也包含在了长幼关系里面。在家庭事务上家训则主要强调如何治好家和持好家。几乎所有家训作品都提倡节俭持家，反对铺张浪费，十分重视劳作，蔑视贪图安逸腐化。如《颜氏家训》即主张"施而不奢，俭而不吝"。

2. 阐述教子之术

从《颜氏家训》《温公家范》《朱子家训》等作品中我们可以看出，家训十分强调长辈需对子孙后代进行家庭教育。教子做人，以德立身，是家训进行家教的首要话题。长辈爱护子女的关键是教育好子女，即"爱子教之以义，亢弗纳于邪"。子孙后辈要努力践行传统的孝友之义，按勤、俭、仁、义、理、智、信等道德规范做人，身体力行并反躬自省。如东汉郑玄在《诫子益思书》中就要求其子"其勖求君子之道，研钻勿替，敬慎威仪以近有德。显誉成于僚友，德行立于己志"，以成为德行高尚之人。其次，家训也强调子孙后辈的志向教育。如诸葛亮认为子侄们应"夫志当存高远，慕先贤，绝情欲，弃疑滞，使庶几之志……"人须先立志，一旦志立，就须"口与心誓"，不得轻言放弃。当然，也强调子孙后辈要自强自立。如颜之推就告诫子孙后代"父兄不可常依，乡国不可常深。一旦流离，人庇荫，当自求诸穿耳”。最后，历代家训作品大多强调子孙后辈需勉学成才。认为“大志非才不可就，大才非学不成”。后世子孙只有通过学习才能不断地完善自己，增长自己的才干。

3. 探讨修身、涉世之法

在这一问题上，各种家训作品先后提出了立志、读书、诚信、谦让、恭敬、宽容、清廉、勤俭等诸多的方法和要求。尤其是修身，历代的家训作品大都把它作为齐家、治国、平天下的首要前提。诸葛亮《诫子书》即言“夫君子之行，静以修身，俭以养德，非淡泊无以明志，非宁静无以致远”。经世涉务也是传统家训中比较重视的方面。它主要是教育子女应如何交往处世与待人接物。如北宋包拯，以遗训告诫“后世子孙张宦，有犯赃者，不得放归本家，死不得葬大茔中。不从吾志，非吾子孙也”。

（三）中国传统家训形式

流传至今的各类家训著作众多，就其表现形式而论，有以下几种：

1. 专书类

即以专书形式出现的家训著作。著述者主要通过引用儒家经典，并结合自己的人生经验对子孙后代进行教育。其作品数量最多，名称也多样。如《颜氏家训》《袁氏世范》《双节堂庸训》《聪明斋语》以及《孝友堂家训》等。

2. 家规条款类

这类家训著作大多没有理论上的论证，多是直接定出家规条款让后世家人共同遵守。其典型的作品如《郑氏规范》《孝友堂家规》《谏承家仪》《万福堂家规》等。

3. 家书类

此类著作多是长辈通过家书的形式对子孙后辈进行某方面或多方面的相关教育。其特点是词意恳切、自然，多肺腑之言而感人至深。比较有名的有《十六通家书》《纪晓岚家书》《曾国藩家书》《甘氏家书》等。

4. 散文类

这是以单篇的形式呈现的一类家训著作。多以叙述家主或祖先的经历，以使后世子孙感悟人生的艰难，启发后世子孙学会为人处世、居家治生。典型的如《枕中篇》《庭诰文》《杨忠愍公遗笔》《复堂谕子书》等。

5. 诗歌格言类

这类著作多以诗歌、格言、警句、随笔等形式出现，生动活泼，不拘一格。

具体如《诫子诗》《诫子孙诗》《责子诗》《诫子诗》《忮求诗》《古格言》《格言联璧》《治家格言》《十六字格言》《治家良言汇编》《座右铭类编》《西畴老人常言》《省心录》《慎言集训》等。而其中流传最广、影响最大的是朱柏庐的《治家格言》。

铜仁传统家训文化

从整体上看，中国家训深受儒学的影响，其发展与儒学之兴衰有着密不可分的关系。正如学者龚鹏程曾言，儒家早期侧重改造君王，宋明以后改造君王这件事常常没什么效果，因而便扩大了化民成俗这条路子。农夫耕读传家，商人讲求商人伦理和儒家的结合，读书人就在孔庙、书院、家族进行儒家式的生活，常以家训的形式，言简意赅地把伦理、孝悌的精神延伸到血缘宗族里去，这是宋明儒者主要工作的方向。

作为儒学文化的重要载体，传统家训促使铜仁完成从化外之地到礼仪之邦的转型。从历史经验来看，中原儒家礼乐文明在周边的传播与接受，大致有两种途径，一是汉族移民将中原儒家礼乐文明移植到铜仁之后形成的家族式耕读传统，并引起铜仁土著少数民族主动积极效仿，历经濡化后成为其文化的一部分；二是在官方移风易俗指导下通过教育导化来推行儒家风俗礼仪，即所谓化民成俗。

（一）中原汉族移民家训文化的传入

在明永乐十二年（1414）改土归流以前，贵州在政治上处于土司羁縻自治状态，儒家礼乐文化主要在土司阶层流行。如播州（今遵义）土司杨粲，字文卿，小字伯强，秉性好学，笃信儒家经典。宋宁宗嘉泰初年（1201）袭播州安抚使，执掌播事30余年。晚年，杨粲以儒家道德思想为准绳，总结毕生统治经验，作《家训十条》，并刻石以示子孙。文曰：“尽臣节，隆孝道，守箕裘，保疆土，从俭约，辨奸贤，务平恕，公好恶，去奢华，谨刑罚。”这10条家训，被后人评为“有功名教、福贻子孙”的垂世范言。杨粲卒于宋绍定年间，官终武翼大夫。因子孙在抗金战争中报效疆场，宋王朝屡次为杨粲加封赐谥，赠予右武大夫、吉州刺史、左卫大将军、忠州防御使等头衔，并“赐庙忠烈，封威毅侯”。如明嘉靖《思南府志·人物志》记载，宋代的田祐恭，字子礼，因战功官拜思州藩部长、少师、思国公。田祐恭自幼结识太学名士夏子明。政和某年，圣上召田祐恭进京，田祐恭对夏子明道：“我边臣，今北阙见天子，惧礼文率略，坐不恭，公屈相吾行如何?”夏子明不解田祐恭之意，谢道：“吾老，不任行，有子大均，习诗礼，识时务，年方二十余，俾从公，宜任以辅公从觐事。”田祐恭大喜，遂与夏大均同行。田祐恭偕夏大均行至国门，圣上有旨，令田祐恭于大庆殿朝拜皇上，田祐恭拜伏进退不似蛮夷之人。圣上甚是惊讶，问其故，田祐恭答道：“臣生也远，不知礼节，臣之客夏大均，书生也，实教臣朝觐之礼。”圣上大悦，厚赐田祐恭，赐夏大均保州文学。

可见，土司上层出于提升社会地位和保持与中原朝廷的文化联系的需要，延请中原儒学教师给自己或子弟教授儒家经典，熟知儒家礼仪的人确实不少。但土官对治下土民一般采取愚民政策，垄断知识，防止知识下移，其极端者甚至禁止土民参加科考。嘉靖《思南府志》卷七《拾遗志》载：“思南宣慰使田宗鼎禁民居不得瓦屋，不得种稻。虽有学校，人才不得科贡。”可以想见，一旦断绝了科考仕途出路，儒学的群众基础必然缩小，其民间的传播效果也必然大打折扣。更何况改土归流以前，铜仁向来以少数民族为主，汉族人口极少，长期以来儒学不彰，故志书视改土归流以前的铜仁为蛮荒之地。如万历《铜仁府志》引《续郡志》云：“郡属各司汉夷居，有土仡苗仲，种类不一，习俗各殊”。又引《皇舆考》云：“仡佬勇谲，洞人性狡无常。苗人刚狠轻生，出入佩刀。”该志载：“苗人饮食腥臊，语音鴃舌；父母死，不服衰麻，不祭扫；婚姻不同媒妁，不论同姓；孟冬祭黑帝神，聚裂数牛，燎而食之。”又引《一统志》载“土人（即洞人）语艰鴃不可少，其人好耕耨田，性狡无常，砦（音同寨）寙（音同）难治”，至嘉靖年间土人犹“屏医信巫，举听于神”。道光《铜仁府志》卷二《风俗》载：“郡居辰常上游，各土司中汉苗杂处，人多好巫而信鬼，贤豪亦所不免，颇有楚风然。”这些记载，与中原礼乐祭祀文明大相径庭，透露出一片蛮荒景象。

明朝永乐年间，铜仁改土归流，中原地区官宦、商贾、军事屯民和汉族流民迁入，开始了中州礼仪在蛮荒地区的建设，以儒家文化为核心的家训文化的土壤逐渐厚实肥沃。据明《贵州通志》载，铜仁东部地区居辰沅上游，舟楫往来，商贾互集，故其风俗言语服饰大抵相同。至明嘉靖时，“（铜仁县）汉人皆中州人，或以仕宦，或以商贾，流寓附籍，江西最众，蜀次之，楚又次之。饮食衣服、男女婚娶，皆用中州旧仪。婚姻轻妆奁，重门阀。六礼次第，一准先程。丧主戚，祭主虔。独冠礼久废，近复有举行之者。士勤学问，重名检”。嘉靖《思南府志》载："府旧为苗夷所居，自祐恭（即田祐恭）克服之后，芟夷殆尽。至今居民皆流寓者，而陕西、江西为多。陕西皆宣慰氏之羽翼，各司正副长官与里之长是也……江西皆商贾流寓宦游之裔，多读书，乐于仕进。""弘治以前，川民不入境。弘治以来，蜀中兵荒，流移入境。流移之人，亲戚相招，缰属而至，日积月累，有来无去。"众所周知，宋元时期的江西、四川、湖南为南方儒风繁盛之地。其中尤以江西称盛，其吉州府安福县，号称"文章理学忠节之邦"，而移居铜仁的江西人又以吉州府最多。这些移民不仅将儒式民俗礼仪移植到了铜仁，更重要的是将儒家耕读传统带入铜仁。

或许是基于弘道的职责，或许是免于化于苗夷的忧虑，一些来自中原儒家盛地的儒者，自觉地撰写家训来教育子弟。如田秋，字汝力，号西麓，贵州思南府水德司（今思南县城）人，祖籍江西吉州（今江西吉安）。田秋在《诫子书》中先详述自己平生梗概和履历，最后在文末对其儿子田时都谆谆教诲："读书，不止于应举取科第，内则以之涵养气质，熏陶得性，外则资以抚世酹物。若修身慎行，不辱先人，虽不能成大名，亦为贤子。居官持廉者多深刻，吾廉而不刻也，宜有后人。各处庄田，俱以俸资倍价得之，修治之资又十倍于买价，而宜保守。诸兄姊大多贤读、明义理者，凡事难处者，可咨询请教，必不汝欺。锡目越溪、善都，俱营有兆域，择而用之，余以待吾辈。汝力弱，不能别求庄地，虽劣，亦免争竞也。犹后子孙众多，当以二人继兄之后。"此段教诲，综合来看，主要是交代田时都要保持耕读传统，在品行上修身慎行，敦孝悌，睦宗族。

茶园山徐氏家族，祖籍江西抚州府临川县，其先祖徐宰六于明嘉靖年间迁居铜仁。自徐宰六移居铜仁后，就开启了家训之风。徐鹤年秉承乃父之风，常举古人忠孝节义之事教育子孙，更以其人格化育子孙。据《徐氏世略》载："有子不孝其继母者，将讼之官，鹤年晓以大义，语以至性，遂使母子和好如初。又有兄弟争产兴讼者，官判不遵，因而经年不结，鹤年为其度理揆情，反复劝喻，其讼遂解。"徐氏家族第七代徐世垓虽因家计中落而弃举业，少壮躬耕力作，菽水奉养双亲，因孝友称道于乡里。徐世垓无论居家居乡，言行必循规矩，及遭亲丧，哀戚之至，哭踊之节，宗族乡党称其贤。徐世垓常以"读书务知大义，孝友本于性生"教育后辈，晚年归居茶园山后，手抄吕坤《呻吟语》课其子孙。徐世垓之子徐镇，字方岳，号竹村。乾隆十五年（1750）中试为第六名举人，乾隆十七年（1752）会试后，历任知县、知府。徐镇晚年撰写《家训十七条》："曰学吃亏。曰怜贫乏，曰惜己福，曰慎借书，曰买书不惜价，曰勿谋人墨宝，曰子弟常视以勿诳，曰惜字纸，曰惜五谷，曰惜花卉，曰慎买书，曰养心地，曰借书当还，曰勿轻受人恩，曰慎交游，曰勤细行，曰蒙养正。”徐镇《家训十七条》是对徐世家族累代耕读经验的总结。

（二）明清以来的儒学教育提供了知识资源与社会基础

中国家训之发展与儒学之兴衰，有着密不可分的关系，深受儒学影响。在中国传统学术思想中，儒家学说对于家庭伦理即家庭秩序的重视，一直是其他学派所不及的。在《十三经》中，即可见其中关于家庭伦理即规范之例证，如《易》经中的“家人”“归妹”等卦；《诗经》中《棠棣》等篇；《礼记》中《内则》《祭义》等章；在《四书》中也不乏论及“孝”“悌”家庭伦理的文章出现；《孝经》更是阐述家庭伦理“孝”之作品。家训在此重视家庭伦理的学术思潮下，自然得以蓬勃发展。两宋时期，理学兴盛，而家训之发展亦达高峰。明代至清初是家训发展的又一高峰，铜仁家训文化的发展恰好处于这一高峰时期，得力于此一时期儒学教育对家训文化的反哺。

铜仁开府以来，主政的地方官因“铜地瘠多夷，宦于土者但皇皇求去，不啻传舍视之”，而将建书院社塾视为催科听讼之后的末务。铜江书院虽建成于明正德三年，但到万历时改为兵巡道署衙，书院实废，此后数十年中而无讲求，以至于“阖城士庶，千有余家，属邑接畛数百余里，而髦士在庠中者仅二百余人，乃讲学”。故万历间铜仁知府万士英对铜仁书院社塾久未建立提出了批评：“书院废而造士无专所，社塾废而正蒙无善地，两者于铜，皆非末务。”

至明万历时期，地方官员意识到施行教化、培植儒风的重要。“铜（仁）去昒暗、耀光明，曾未十世，而太朴未雕，转移为易，是在长人者所陶埴耳。”意思是说自永乐年间铜仁改土归流以来，施行教化，去其蒙昧历时不过十代，效果虽不甚明显，但好在铜仁土著少数民族原始质朴，如未雕琢之璞玉，只要主政的地方官员努力教育培养，让他们接受儒家教化是较为容易的。基于这一认识，明万历以后，主政铜仁的地方官员统治阶级秉着“华夷一家，均沾王化”目的，在铜仁相继建立府、县、乡、社学，儒学教育体系日渐完备。

地方官员不仅在铜仁设立了府学、县学、书院、义塾等官方教学机构，还鼓励民间设立私立书院、私塾等民间教学机构，大力推行儒学教育。

明代铜江书院主要教材有：钦定四书五经《大全》各一部，《资治通鉴》一部，《性理大全》一部，年久遗失，今无存者。万历十五年（1587）提学佥事滇人吴尧弼捐俸置书发学，凡二十部：《四书大全》一部，《易经大全》一部，《书经大全》一部，《诗经大全》一部，《春秋大全》一部，《礼记大全》一部，《四书集注》一部，《易经本意》一部，《书经集注》一部，《春秋胡传》一部，《礼记集说》一部，《经书旁训》各一部，《性理大全》一部，《资治通鉴》一部。

徐节在《铜江书院记》中指出，“慨夫（铜仁）地僻民夷，人鲜知学”，言明书院具有“平世习之淳正，风俗之崇厚，吾道之兴行，斯文之振举，革污染于既往，回正学于将来”的功效，是故“复书院，群诸博士弟子而课之；多塾社，集诸井里乡遂而训之，而又简师儒、勤督课”。

嘉靖《思南府志后序》言：“思南，为贵阳属郡，僻在万山中，民性质俚，而俗尚简陋，古昔朴略之风犹存。如我皇明永乐以来，始革去宣慰氏而设郡立学，于是土著之民无几，而四方流寓者多矣，文教覃敷，民俗渐化。故士育于学，往往取科第，登仕版，可方中州之盛焉。”至嘉靖期间，儒学教育的效果“迩年以来，儒教渐兴，人文日盛，登科入仕者，盖彬彬矣”。

道光《思南府续志》卷七《地理志》引旧志云：“嘉（靖）隆（庆）以来，儒教大兴，郡人李渭倡理学，重躬修教孝悌，行四礼，返朴还淳，士骎骎慕孔孟排释老，习俗一归于正。”

（三）铜仁传统家训文化标准化——“圣谕”的普及化

明清以来，不少君主为求子民忠孝，社会安定，政权巩固，往往通过发布上谕，劝导民众，平息纷争，这是铜仁传统家训文化的另一重要来源。如明太祖朱元璋于洪武三十年（1397）九月颁布“圣谕六言”，并传令天下：“每乡里各置木铎一，内选年老或瞽者，每月六次持铎徇于道路，曰‘孝顺父母、尊敬长上、和睦乡里、教训子孙、各安生理、毋作非为’。”这六句二十四字的圣谕，成了明清统治者道德宣传、倡息讼和谐的总纲，统治者对民众的教化工作从此规范化、制度化。

此后，圣谕先后通过木铎、乡约、会社、书院、小说等多种途径，在民间得到了广泛传播。圣谕六言不仅在明代起着重要的作用，而且还对清朝有着深远影响。在内容上，顺治九年（1652），清世祖直接照搬朱元璋的“圣谕六言”，令五城各设公所，每月朔望举行乡约，宣讲圣谕。康熙九年（1670），清圣祖又别出心裁，在圣谕六言的基础上，将其演化为“圣谕十六条”，即“敦孝悌以重人伦，笃宗族以昭雍睦，和乡党以息争讼，重农桑以足衣食，尚节俭以惜采用，隆学校以端士习，黜异端以崇正学，讲法律以儆愚顽，明礼让以厚风俗，务本业以定民志，训子弟以禁非为，息诬告以全良善，戒匿匪以免株连，完钱粮以省催科，联保甲以弭盗贼，解仇忿以重生命”。雍正二年（1724），清世宗又将“圣谕十六条”释成万言，遂成“圣谕广训”，颁令全国进行宣讲，并一直延续到了清朝灭亡。圣谕在传播过程中，众多士大夫身体力行，不但为宣讲圣谕时制定了庄重烦琐的礼仪，而且还亲自对圣谕内容进行演绎和宣传。

宣讲圣谕的目的在于以宽教化，后来为了达到劝善诫恶的目的，往往编成歌谣深入基层，化民成俗，培养善良风气。这类民间文学作品在铜仁随处可见，如信众朝拜梵净山时所吟唱的朝山佛歌、民间丧堂里的孝歌、土家族婚姻仪式里哭嫁歌、民间说春的春词，甚至傩戏《安安送米》《打芦花》等剧目的唱词，这类劝谕礼教歌谣善于择取历代孝子烈女故事对圣谕进行通俗化解释，语言通俗易懂，情感诚挚，感人至深，听者不知不觉深入其境，自然会受其感化、反省自身，从而择善而为。

如石阡仡佬族丧葬仪式中的《散花文》：“散花文，散花文，散段花文劝化人。散花就散花，散段花文献孝家。孝家你且听，古人行大孝，至今仍有名。目连救母不怕苦，十八地狱救母亲。黄香九岁能温席，郭巨埋儿能赐金。董永卖身把父葬，感动七姐配成婚。王祥为母病，将身卧寒冰，孝心感动天和地，天赐金鱼养母亲。张孝打风来救母，不惧朝廷问斩刑。安安讨米把母救，自古流传到如今。孟宗哭竹生冬笋，母亲吃了得安宁。世间只有忠和孝，良途还是读与耕。鸦有反哺之育，羊有跪乳之恩，鸟兽都能报父母，人何不报劬劳恩。生养和死葬，事死如事生。奉劝世人把孝敬，留给子孙照样行。”

《礼教歌》是石阡民歌中以宣扬儒家礼教为主要内容的民歌类型，具体包括感恩父母不辞辛劳养育子女的《养育歌》，劝喻兄弟妯娌和睦相处的《弟兄歌》《妯娌歌》，对儿女严加管教的《训子（女）歌》，夫妻互敬互爱的《夫妻歌》，孝敬公婆的《公婆歌》，劝喻父母公正不偏心的《为老歌》，敬嫂爱姑的《姑嫂歌》，择善而交的《朋友歌》等。

如《养亲歌》：

父母年老要那样，生养死葬理当然。需要什么就给办，莫推今天与明天。

莫说哥哥没供满，兄莫说弟差几天。你推我推推下坎，莫拿父母受艰难。

有兄有弟轮子转，无兄无弟分哪边。父母之年不久远，人到高年打倒颠。
人老颠倒是正传，树老空心是自然。岁过三十得半老，六十甲子到古稀。
日月轮流昼夜转，过一天来算一天。六十甲子一回转，在一年来过一年。
树老干枯无法变，人老哪能转少年。孝敬父母趁早点，好似太阳未落山。
太阳落山还会见，隔夜相逢在明天。父母死了难得见，除非梦里来团圆。
生前不孝死枉奠，哭干眼泪也枉然。任你灵前来奉献，哪见父母举杯餐。
丁兰忤逆悔不转，只得刻木供灵前。董永卖身把亲葬，黄香九岁把席温。
孟宗哭竹冬生笋，母亲吃了得安宁。王祥敬母寒冰卧，天赐金鱼奉母亲。
张李打风救后母，不惧朝廷问斩刑。为了供奉父和母，郭巨埋儿天赐金。
世间只有爱和孝，良途还是读与耕。为国尽忠立大志，家庭之内孝为先。
趁此父母寿未满，好吃好穿奉老年。人老吃得好多点，看你孝敬一片心。
一辈传辈照样办，你的后代仍依然。前人做样后人看，儿大就把席来还。
父母养儿不推遣，何时把你饿一天。你把父母不要紧，儿女把你丢一边。
养育恩德需当念，热问饥渴冷问寒。父母当做儿女看，这个孝子大如天。
父母说错你莫怨，凡事总要顺亲言。莫说父母见识浅，儿你多见几个天。
不孝枉把人来变，就与禽兽是一般。离娘莫忘存孝念，羊羔跪地把乳餐。
总要诚其心一片，常把父母记心间。说话不可黑起脸，和颜悦色对亲言。
反眼望娘都有罪，何况不给吃和穿。你把父母来孝念，儿女方孝你跟前。
不信且把檐前看，点点滴在旧窝间。麻布口袋代还代，总要落到你一天。

民间《散花文》和《礼教歌》，全然没有“圣谕十六条”的“敦孝悌以重人伦”等字眼，却善于以生活中的孝悌故事、二十四孝故事和“目连救母”“安安送米”等民间孝子主题的戏曲为例，以及动物报答父母养育之恩之借喻，来申述“敦孝悌以重人伦”的世俗化含义。

通过官方的圣谕宣讲和民间通俗化的传唱，圣谕成为族规家规的金科玉律，其诸如和睦邻里、和睦宗族、谨慎婚姻、谨慎择业等方面的要求，逐渐演变成传统家训的主要内容。翻阅铜仁清代各氏族谱，我们发现其内容惊人的相似，如茶园山徐氏“家训八条”（敦孝悌、睦宗族、立品行、正风尚、课子弟、尊师道、崇节俭、息争讼），瓦屋刘氏“家规十条”（敬祖宗、孝父母、和兄弟、睦宗族、敦节俭、肃家政、尊耆老、重师儒、禁奸淫、惩赌博），印江朗溪田氏“家训八条”（敦孝悌，勤本业，睦宗族，端品行，谨戒为非。戒酗酒赌博，勿以强欺弱，毋唆讼滋事），内容相似，再与“圣谕十六条”相比较，内容上也是大同小异，可见“圣谕十六条”确实为铜仁传统家训提供了可以盈缩的标准化版本。

（四）明清官方对孝悌节义等传统家训核心价值观的肯定与弘扬

明清官方多组织编撰地方志，从这些地方志的编撰体例来看，大体遵循这样的安排：天文志、地理志、营建志、纪事志、经制志、职官志、人物志、列女志、艺文志。营建志分为城廓、官署、学校、先贤、先儒、公所、坊表、寺庵。人物志分为文选举谱和武选举谱，文选举普下分有进士、举人、孝廉、方正、贡生；武选举普下分有武进士、武举、行伍。人物志中还专列乡贤、乡达、忠烈、孝义、义举、武功、善行以及贞妇节烈等。这些地方志不仅在编排上遵循儒家先天后地、先圣后愚的尊卑观念，在其内容上还为先贤、乡达、忠烈、孝义以及节烈之妇立传立表。如道光《思南府续志·人物志》中的《孝义篇》《友爱篇》《敦行篇》等。

道光《思南府续志》卷七：“夫孝，天之经也，地之义也，为顺德，亦为庸德，古今来大孝纯孝不易言，而天生蒸民，厥有恒性。曾谓反哺跪乳，在物且然，顾以万物之灵而反不若之哉？夫孩提知爱，尽人而然。苟天性为漓，纵未能底于醇全，而家庭间一事一节之符，圣人亦无以易。君子于此节取焉，诚劝善之心所不容已者也，而凡兄爱弟敬、夫义妇听，苟有一节可风亦准是，以为例矣。至于匹夫慕义、乡党自好之士，往往能之，善善从长表扬，斯寓其他束脩自爱，求之吾党亦有人焉。盖自前志修于康熙三十年后，迄今又一百余年，重以府县地舆周遭千里就其见闻所及者录之，用以风世励俗。”

该志《孝义篇》记明代曹士铨孝义事：“郡庠生，家于印，戊子乱奉母避兵大圣登洞中。已而贼攻洞掳铨母子，以父应举曾官遂宁县，谓铨官家子，横索金，备极拷掠无所得，欲刃其母。铨大呼曰‘宁杀我，毋伤母！’贼恚甚，竟刃母，铨以身蔽，并杀之。兄士望自思南寻母弟尸，颜色如生，并葬焉。”

《孝义篇》记田景祚事：“田景祚，沿河司人。父病笃时，祚年十二岁，焚香告天请减算以延父命，刲股救之。后三年，父复病，祚仍欲刲股，父觉阻之曰：‘尔广阴德，教子孙读书成名即孝矣，何事刲股为。遇凶岁设粥赈济，有病者扶至家养之。孙茂颖中庚子科试，曾孙仁淳中丁卯科试，人以为报云。”

又有：“郑安民，郡例贡生，天性孝友。仕山西通判时，庶母何氏方娠，为父所逐。安民知父意既决，乃密令迎归别室，生弟泽民，何寻卒，命其妻乳哺之，比长，延师教诲，登崇祯庚午贤书。安民购别业，以祖宅让居。后仕至蜀府长史，殉王难。”

该志载清代龙文元、文德孝敬母亲事迹：“龙文元、文德孝，郡中和街人，兄弟幼失怙，事孀母极承顺，家赤贫，以卖菜果为业。每晨起担菜果入市必互觅小食送归，以供其母。随以所获资易米具膳，午亦如之。”

《友爱篇》记张春事：“张春，郡城人，举人子仁子，年十五岁父没。性孝友。以受分业产两兄弟，赤手经营，养母克尽子道。母卒，力任丧葬事。更推其所如以事兄嫂，兄嫂先后没，衣棺皆出其橐。抚胞侄子女及侄孙男女，恩义交尽，凡婚嫁者四人。年八十八岁。子相朝，贡生。孙男八，成名者三，春节及见之。”又：“萧显扬，郡沿河司人，父起蛟，母易氏，生子九，显扬居长，独立起家，事亲承顺，笃友于弟，教读婚配，均资其力。暨成立更舆，修宅置产，五世同堂，郡守袁表其阁曰‘友于其顺’。”

《敦行篇》载：“黎近仁，邑潮底人，郡武生，行三，兄弟四人俱早逝，遗孤侄五，近仁视如己子，教养备之。婿彭慎宪，少孤，近仁教之，读列邑庠。婿亡，遗外孙绍宗，又为之抚养成立。娶妻覃氏，白发齐眉。”

（五）铜仁少数民族对传统家训文化的接受与创造

明清以来，由于迁居铜仁的汉族保持了耕读诗书传家的传统，并在此基础上有了仕进效果，最具代表性的便是茶园山徐氏家族，自受此影响，进而又影响带动了境内少数民族儒家诗书礼仪，为家训文化在铜仁民间社会的流行奠定了基础。明代中后期，志书中关于铜仁少数民族的形象出现了由夷而华的重大转变。万历《铜仁府志》卷二《风俗篇》引《续郡志》云：“郡属各司汉夷居，有土仡苗仲，种类不一，习俗各殊，迨今渐被华风，洒然变易。”“质直简讼，渔樵耕牧，岁租易人，风土人物，骎骎乎可观，盖夷而华者也。”“（土人）渐被日久，语言饮食不异于华人。……亲死，举哀裂帛，亦持斋七日始殓。”即使“若变夷而实不善变”之苗人“男子不蓬不跣，巾履衣服，无异中华”。道光《铜仁府志》卷二《风俗篇》载：“郡居辰常上游，各土司中汉苗杂处，人多好巫而信鬼，贤豪亦所不免。”虽“颇有楚风”，“然农知务本力田，士尚右文好学。虽苗僚种类不一，习俗各殊，而声教渐敷，为之丕变。兼之舟楫所通，商贾所集，化行俗美，风景犹类中州。《书》所谓‘旧染污俗，咸与维新’，亦彬彬有礼乎，礼义之乡也”。

【拓展阅读】

弟兄歌

弟兄本系手足缘，因为同脉共母胎。兄要宽仁把弟待，弟须怀义敬兄台。
兄宽弟忍家不败，父母有无也宽怀。侄儿侄女一样待，当成自己亲生孩。
弟兄纵然分家外，有无不可论钱财。兄应把弟来携带，弟要把兄记心怀。
银钱生死谁能带，空手去了空手来。有钱难把弟兄买，古人结拜胜同胎。
桃园结义是同拜，弟兄争过生死牌。张礼张孝互争死，尚且不是同母胎。
桃园结义都相爱，何况同胎共母来。要得弟兄无仇恨，莫在枕边听妇言。
枕边告状把头摆，假装说是瞌睡来。明年弟兄知谁在，难道以后还同胎。
弟兄如若不相爱，错公穿了错婆鞋。打虎还需亲兄弟，打架也需骨肉来。
同生入死共患难，才算弟兄共母胎。弟兄和气椿不老，荆树开花岁岁繁。

【思考题】

1. 对于当代，传统家训文化有哪些精华值得传承？
2. 传统家训文化有哪些消极元素不利于社会发展？

第五讲　劝导乡里　助成风化

【学习目标】

理解中国古代乡贤和新时代乡贤的不同内涵；理解乡贤对于乡村治理、乡村振兴、和谐社会建设的作用。

培养热爱祖国，热爱家乡的感情，培育治国安邦、乐善好施、扶危济困、反哺家乡的奉献精神。

【学习重点】

对历史上乡贤的特点、社会作用的理解。

【学习难点】

对乡贤标准的认识、乡贤培育和宣传的方法研究。

【学习例文】

乡贤即是人物

罗文思

曾谓乡贤即是人物，而人物不尽是乡贤；然人物不外乎选举，而选举不尽是人物。

虞[1]辟四门[2]，而后宾兴[3]。三物[4]论[5]秀，书升尚矣。贤良极谏，始于汉文。郡国孝廉[6]，肇自光武[7]。继此举文学，以明经[8]为郎，则岁举[9]限年。茂才[10]射策[11]，而科目悉备。隋置进士科。唐因[12]之，又有秀才，明经[13]，明法，书算之选。而天子自诏者曰制举，元宗[13]移试礼部，武后[14]亲临殿对。

宋变诗、赋、策、论，使学者专治经术。糊名[15]行之淳化，易书[16]立之祥符[17]。有明取士以经义，帖括[18]，而举荐、征辟[19]间行焉。

我朝仿其制，乡、会试三场，首四书、文、性理、论，次景、艺、排律，又次五策[20]。科贡同升，或博学宏词，或孝廉方正，或山林隐逸，用以黼黻[21]太平、俾乂民社[22]者，选举之名同而各异也。

荀子曰："垒土为山[23]，风雨兴焉。积水为渊，蛟龙生焉。"阡郡负山枕江，水石清幽，灵修[24]所钟[25]，必生伟人。前载谴谪流寓，明贤经过，地因为重耳。神仙之说渺茫，浮屠[26]之教诞幻。一艺之末[27]，必究其所本要[28]，皆君子所弗道也；亦存之以悦目耳！惟伟人生于其地，为选举而人物，而乡贤，足存之以垂不朽，其光郡志为何如也！

【注释】

［1］虞：指虞舜，三皇五帝之一。舜，为四部落联盟首领，以受尧的"禅让"而称帝于天下，其国号为"有虞"，故号为"有虞氏帝舜"，后世以舜简称之，中华民族的共同始祖。他不仅是中华道德的创始人之一，而且是华夏文明的重要奠基人。

［2］四门：本指明堂四方的门，此处借指办学。《书·舜典》谓"宾于四门，四门穆穆"。

［3］宾兴：周代举贤之法。谓乡大夫自乡小学荐举贤能而宾礼之，以升入国学。

［4］三物：即德、行、艺三事，指六德、六行、六艺。《周礼·地官·大司徒》谓"以乡三物教万民，而宾兴之。一曰六德：知、仁、圣、义、忠、和。二曰六行：孝、友、睦、姻、任、恤。三曰六艺：礼、乐、射、御、书、数"。

［5］论秀："论"通"抡"，选拔秀士之意。

［6］孝廉：是汉武帝时设立的察举考试，以任用官员的一种科目，孝廉是"孝顺亲长、廉能正直"的意思。后代，"孝廉"这个称呼，也变成明朝、清朝对举人的雅称。

［7］汉文、汉武：分别指汉文帝刘恒和汉武帝刘彻。

［8］明经：是汉朝出现之选举官员的科目，主考儒学经典。始于汉武帝时期，至宋神宗时期废除。明经为郎，意为"因为通晓经学做郎官"。唐朝以诗赋

取士谓之进士，以经义取士谓之明经；清朝也将贡生称为明经。

［9］岁举：即察举制，是中国古代选拔官吏的一种制度。从唐代开始大多朝代科举考试每年举行一次，称为岁举。常设的科目有秀才、明经、进士、俊士、明法、明字、明算等五十多种。其中明法、明算、明字等科。主要科目是明经和进士。

［10］茂才：即秀才。东汉时为了避讳光武帝刘秀的名字，将秀才改为茂才，后来有时也称秀才为茂才。

［11］射策：汉考试法之一。一种以经术为内容的选士考试方法。主试者提出问题，书之于策，覆置案头，受试人拈取其一，叫作“射”，并按所射的策上的题目作答。射是投射之意，相当于“抽签”。

［12］因：沿袭。

［13］元宗：庙号，指玄宗李隆基。此为避康熙名玄烨讳。

［14］武后：指武则天。

［15］糊名：科举考试中防止舞弊的措施之一。凡试卷均糊其姓名，相当于后来的“弥封”，使试官难于徇私作弊。始于唐。考生姓名、籍贯、家世等记录都要被封贴起来，防评判官因人判分。

［16］易书：科举考试中防止舞弊的方法之一。即誊录，防评判官辨认笔迹。命誊录书手用朱笔照着考生原卷誊录一遍。誊录完毕后，试卷由誊录所转送到对读所，以校对朱卷（誊录之卷）与墨卷（考生原卷）是否一致，若有差错则要立即改正。试卷对读完毕后，朱卷被送到评卷官员手中，评阅官根据随机的抽签分到所要批阅的试卷。

［17］淳化：990 年—994 年，宋太宗赵炅（赵匡义）的年号。祥符：1008 年—1016 年，北宋时宋真宗的年号。

［18］帖括：唐制，明经科以帖经试士，把经文贴去若干字，令应试者对答。后考生因帖经难记，乃总括经文编成歌诀，便于记诵应时，称“帖括”。

［19］征辟：是中国汉代擢用人才的一种制度，主要包括皇帝征聘和公府、州郡辟除两种方式，皇帝征召称“征”，官府征召称“辟”。

［20］五策：“策”是科举考试中的一种文体，为对策、策问，科举考试的内容之一。清朝科举乡试第三场，要做策五道，谓之五策。

［21］黼黻：华丽辞藻，指修饰、粉饰。

［22］俾乂民社：俾，“使”的意思。乂，治理、安定，原作“乂”为“义”，疑录入或点校之误。民社，指人民与国家。类如“微官有民社，妙割无鸡牛”（苏轼《送张嘉父长官》）。

［23］垒土为山：荀子原作为“积土成山”，意同。

［24］灵修：美好的声名。类同“感此大化奔，惧为造物腐。灵修不早立，百岁如过雨”（魏源《杂诗》之三）。

［25］钟：凝聚，集中。

［26］佛屠：亦作浮图，浮屠。佛教为佛所创，古人因称佛教徒为浮屠，佛教为浮屠道，后并称佛塔为浮屠，后人们简化成了一个字“佛”。

［27］一艺之末：小技艺。类同“当时山林田亩潜德隐行君子，不闻于世多矣，而贱工末艺，得所附讬，乃垂于不朽，盖其有幸不幸也。”（欧阳修《六一诗话》）

［28］本要：同义复词，根本要领。

【译文】

曾有人说乡贤都是人物，但是人物不一定是乡贤；人物的产生一般都是选拔举荐产生，但是选举出来的未必都是人物。

人才选拔起于舜禹办学，然后兴举。考核德、行、艺以选拔优秀人才，读书于是也得到崇尚和尊重。汉文帝时期就有贤士进言之举，汉武帝时期就有诸侯选举孝廉之法。之后就以考核文字和经学取士，也有每年进行一次选拔考试之法，秀才、射策等选士内容已齐备。到了隋朝，就正式有了进士科目。到了唐朝，沿袭了科举选士制度，而增加了明经、明法、术算等内容。由皇帝亲自诏试于殿廷称为‘制举’，唐玄宗时期将考试主管单位交给了礼部，武后时期产生了殿试策对之法。宋朝考试的主要有诗、赋、策、论，于是学生专心研究经学术数。淳化年间发明“糊名”的防止舞弊之法，祥符年间产生了“易书”（誊写）的防止舞弊之举，有考经义取士、考帖括取士等办法，时不时也实行举荐和征召之法。

清朝也大致沿袭这样的方法，规范为乡试和会试各三场。考试的内容首先是四书、文、性理、论，其次是景、艺、排律，第三是五策。科考生和贡生通过考试升级，博学多才的才子、明德方正的孝廉、隐遁山林的异士，通过三场考试表达对盛世民安的歌颂，选举的名称是一样的但方法不尽相同。

荀子说："堆积土石成了高山，风雨就从这儿兴起；汇积水流成为深渊，蛟龙就从这儿产生。"石阡府这个地方有山有水，水石清幽，集聚了很好名声，一定是出人才的地方。有书记载很多名人贤士贬谪流寓居于此，不少贤达贵胄打此经过，于是这里得到重视。此处有神仙之说十分渺茫，佛教之教化也很虚幻。依托神仙和浮屠传名的小伎俩，究其本质，贤德之人并不称道；他们的存在无非是增加点感官效果。只有产生伟人的地方，因选举产生人物的地方，尤其有乡贤的地方，才会永垂不朽，也才能光载史册。

【文化解读】

作者简介

罗文思，字睿，号勉夫，四川合江人。清乾隆三年（1738）举人，后为进士。乾隆十年（1745）任白河县知县，乾隆十一年（1746）任商南县知县兼任洛南县知县，乾隆十三年（1748）蒲城知县，乾隆十八年（1753）任商州知州，乾隆十九年（1754），陕甘总督、陕西巡抚奏请升署直隶商州，奉旨准其实授。乾隆二十八年（1763）调任贵州石阡知府郡守，乾隆二十九年（1764）升任贵州石阡府知府，八十九岁卒于家。著有《半亭文集》《乐志园诗集》《罗氏家训》《商南县志》《石阡府志》等。本文选自罗文思纂修的《石阡府志》第六卷。

本文要旨

本文第一段表明基本观点："乡贤都是人物，但是人物不一定是乡贤。"继而阐释人物与选举的关系。即"人物不外乎选举，而选举不尽是人物"。

第二段解说科举选拔人才的历史演变和传承关系。主要介绍各个不同时期考试的内容和方法变化。

第三段介绍清朝人才选拔的基本特点。着重介绍了"歌功颂德、粉饰太平"诀窍。

第四段阐释了一个地方要地灵人杰需要有人物和乡贤的支撑。

全文言简意赅，娓娓道来。寥寥数语就把中国科举发展史阐释明了；不同时期人才选拔的不同特点陈述清晰。科举考试在考试内容上越来越丰富，考试方法上越来越完备。尤其是宋朝产生“糊名”“易书”等防治舞弊的办法，就是现在“密封签”“答题卡”的前身。本文最后旗帜鲜明的表明：一个地方是否知名，关键在于有无“伟人”“人物”“乡贤”。

乡贤释要

（一）乡

乡，甲骨文为，小篆为，繁体为“鄉”“饗”（异体同源）。从古体可见，是会意字，意为“二人对食之形”；本义是用酒食款待别人，是“飨”的古字。两人中间的盛放食物的容器叫“簋”，圆口，双耳，一般用来盛饭，祭祀时也作礼器，流行于商朝至东周，是中国青铜器时代标志性青铜器具之一。

能够坐下来一起吃饭，说明两人关系密切，表达古代社会交往内容，引申为具有一定空间意义的群体或场所，就有了乡党、乡里的内涵。之后就逐渐成为行政区划。

东汉许慎在《说文解字》中解释，“乡”是“国离邑，民所封”。“离邑”的意思是离宫别馆。相对于国都而言，是一定区域内民众聚居区。“封建”一词，最早就是因安全、分工等需要，将一些民众聚集区的区域中心封起来，成为一个个较小的聚居区，有小的区域性的“封建”中心的意思。清朝段玉裁专门指出“乡”字包含的“封”和“向”两个含义，“鄉者，今之向字。汉字多作鄉，今作向。所封谓民域其中。所鄉谓民归往也。”《释名》曰：“鄉，向也，民所向也。以同音为训也。”

当时的“乡”，已经具有了较为明确的治理结构。《百官公卿表》曰：“（县）大率十里一亭，亭有长。十亭一乡，乡有三老，有秩啬夫，游徼。三老掌教化，啬夫职听讼、收赋税，游徼徼循禁盗。”“三老”“啬夫”“游徼”分别承担各自的社会治理职责。“三老”负责教化百姓，“啬夫”负责均摊赋税劳役，“游徼”负责巡缉盗贼。至汉朝时，“乡”已经具有了较为明确的行政区划的含义，并且有相应的制度设计作为承担行政职能的载体。随着社会发展，原有的人际关系含义逐渐淡化，行政区划含义取而代之。

“乡”行政区划含义，并不是固定不变的。许慎所解释的“国离邑，民所封，乡也”，就是离国都有点距离，聚集了一些民众，或是一个城堡，一个农庄，或者就是一个娱乐场所，没有今天“农村”的含义，并不是与“都市”相对的概念。也不能理解为落后，反而还有聚集、繁荣的含义，即“向也，民所向也”。

随着生产能力的不断提高，城镇化水平越来越高，“乡”就有“落后、愚昧”的意思了。朱熹注《论语》就有了“乡者，鄙俗之意”的解释。嘲讽遍地乡里人的词语也就诞生了。有了这一层色彩，“乡”的文化意义就显现了。

（二）贤

所谓的贤者，就是有才能、有道德的人。《说文》曰：“贤，多才也。从贝，臤声。”名词意义上指有管理才能的人，如思贤如渴、礼贤下士；形容词意义上指德才出众，如贤达、贤能、贤德、贤惠。与“贝”有关，似乎说明与钱有关，要成为乡贤首先得有一定经济基础，之后才是精神层面的东西。物质第一性，意识第二性。想想也是，没有钱，怎么会去帮助别人、带领大家？估计没有钱作为基础，一般难以成为风流人物。中国形容贤人有很多成语，最有名就有“志士仁人”“芝兰玉树”“斲轮老手”“正人君子”“云中白鹤”“一代风流”“一时之秀”“有识之士”“骚人墨客”“人中狮子”“人中之龙”“宿学旧儒”“谦谦君子”“迁客骚人”“南中冠冕”“空谷幽兰”“顾曲周郎”“龙驹凤雏”“饱学之士”等等。

“乡贤”组合，就成了偏正关系，“乡”限定了“贤”的区域，就是指地方上的，家乡产生的。所以，乡贤最大的特点是区域性的典型人物，指这个地方产生的有贤德、有贡献、有影响的人。可以是一生在乡里为百姓做事的人；也可以从本乡走出去，在外有成就、有贤德、有影响的、又有家乡情结的人。

“乡贤”一词最早始于何处，无从可考。但东汉孔融祭奠乡贤的事却有案可稽。范晔《后汉书》载：“（孔）融为北海相……郡人甄子然、临孝存知名早卒，融恨不及之，乃命配食县社。”有人认为这是祭祀乡贤之始。唐代刘知几《史通·杂述》：“郡书者矜其乡贤，美其邦族。”清初汪森《粤西文载》：“乡先生殁则祭之于社，皆乡贤也。”其实“乡贤”就是指乡间有名望、有德行的人。

中国古代乡贤文化

乡贤文化是中华优秀传统文化的组成部分，是根植于农村的母土文化。在漫长的历史进程中，一些在乡村建设、风习教化、公共事务中贡献力量的乡绅，都被称为“乡贤”，由此形成了乡贤文化。在整个封建时代，乡贤文化不是主流文化，但作为一种文化现象对中国古代历史产生深远影响。

（一）历史脉络

乡村有德有才的人，自古就有，只是称谓不同而已。在氏族社会初期，男人狩猎，女人摘野果、挖野菜，年长者自然就担负起照看孩子之责，便开始了最原始的“教化”，那些凭借在氏族中的威望与资历，将其丰富的阅历及艰难生存中积累的经验，通过口耳相传，形成了最初的“文化”。在生产力极其低下及生活方式极其简单的背景下，“尊者”就应运而生，这就是“乡贤”的萌芽。

1. 萌芽期：远古时代乡贤。舜可以说是中国最早的乡贤。司马迁《史记·五帝本纪》对之有较为详细的记述：

“舜父瞽叟顽，母嚚，弟傲，皆欲杀舜……顺适不失子道，兄弟孝慈。欲杀，不可得；即求，尝在侧……舜耕历山，历山之人皆让畔；渔雷泽，雷泽上人皆让居；陶河滨，河滨器皆不苦窳。一年而所居成聚，二年成邑，三年成都……天下明德皆自虞帝始。”

舜出身庶民，早年丧母，家世悲惨，但是舜极有才干。亲爹、继母、继弟处心积虑想杀掉舜，居然不能得手，说明自我保护也很强。对于有德行的人，是不能杀也杀不了的，因此其亲要加害于他，也不能得逞。更重要的是即使舜被这样对待，也请求常侍父母身侧，这是何等修为。能力、道德卓越，凝聚力也自然强大，因此大舜所到之处，无不赢得尊重、欢迎、跟随，最终历经风雨见了彩虹，成为圣人、成了天子。大舜的成长，就是始于乡贤。虽然当时无乡贤一说，但可以说是乡贤的萌芽。

2. 雏形期：夏商周对于乡贤的培育。乡贤的产生与教育机制、人才选拔制度密不可分。南宋大儒朱熹《大学章句序》描述夏、商、周时期的官学制度：

“三代之隆，其法寖备，然后王宫、国都以及闾巷，莫不有学。人生八岁，则自王公以下，至于庶人之子弟，皆入小学，而教之以洒扫、应对、进退之节，礼乐、射御、书数之文；及其十有五年，则自天子之元子、众子，以至公、卿、大夫、元士之适子，与凡民之俊秀，皆入大学，而教之以穷理、正心、修己、治人之道。此又学校之教、大小之节所以分也。”

朱子描绘的三代官学，盛况空前，有诸多理想化成分。但我们至少可以得知明确的教育对象、教育内容、教育目标。他希望教学实施齐备，人人有书可读，既学劳作礼数，也通六艺之术；学校要教学生正心穷理，治人之道，凡人庶子入小学，俊秀之才学大学，为“学校之教、大小节所以分也”。他说明了教育的重要性，只有通过教育，才能培养出乡之贤才，国之贤才。

西周设“乡师”，掌管乡村教化，兼管各级官吏政绩考核、人口数字稽核、老幼贵贱废疾统计、狱讼。要管那么多事情，教育、绩效、人口、医疗、卫生、司法等都涉猎，已经可评为“乡贤”了。秦汉以后推行“乡三老”的乡治制度，《汉书》云：“举民年五十以上，有修行，能率众为善，置以为三老，乡一人。”“乡老”本是管乡村教育的小吏，后来又多了乡师、言官、察举功能，事实上成了相当于“村委会主任”的乡村事务管理的核心人物，这类人在民间地位很高，也是乡贤的典型。

3. 发展期：汉代的孝廉征辟制。汉朝“孝廉”人才选拔机制，是由地方行政长官推举各地“孝廉”之人，送入太学培养，然后择优分发各地为官的一种人才选拔制度。举荐标准首先在于“德”，即“孝”和“廉”；不具备“孝”和“廉”标准，即便有其他才干，也不能成为朝廷需要之才；与官吏不熟悉，与举荐之人没有见面的机缘，也得不到举荐。成语说“知人善任”，不知道其人，何以任之？举荐人才的人不仅仅是地方官吏，还有已经成名的乡贤。乡贤对本地人才状况最为了解，但是也免不了任人唯亲，所以说察举制并不完善，有制度缺陷。

不管怎样，乡间的人才能够进太学，成为乡贤的机会大增；另一方面，较之官官互荐、世袭嫡传，已经进步多了。

4. 成熟期：隋唐至清末科举制对乡贤的培养。“旧时王谢堂前燕，飞入寻常百姓家”，唐朝之前，无论征辟制或是察举制，其对象大多是士族贵族阶层，乡间贤人机会不多。唐朝科举制度建立，废除了门阀制度，士子无论贵贱，都可通过考试博取功名，获得“出身”和特权，这大大激发了社会活力。但实际上能够选官赴任的毕竟是少数，大多给个“候补”或进翰林院编修，享受级别罢了。更多的士子还得长留民间。当然有的可以通过“恩科”“贡举”获得“出身”，同样“出仕”，但还是不多。那些流落乡间的进士、举人、秀才、老童生就成了乡贤的主要来源。

明朝中期，出现了一个“非官非民”的“乡绅”阶层。这些乡绅一般都是“乡贤”。主要由科举及第未仕或落第士子、当地较有文化的中小地主、退休回乡或长期赋闲居乡的中小官吏、宗族元老等一批在乡村社会有影响的人物构成。

他们近似于官而异于官，近似于民又在民之上。他们享有政府给予的一些特殊待遇。以清朝举人为例，首先不管出仕不出仕，有没有官身，先免除上千亩田地的税收，如果是旗人子弟中举还执行“官绅一体纳粮”政策；免除服劳役；见到官吏可以不下跪；可以称为“老爷”了；享有足够生活的各种“政府津贴”。这些人才在乡村，有控制乡村政治、经济和文化的种种优势，在“皇权不下县”的社会背景下，他们充当了政府与乡民之间联系的纽带，维系着乡村社会稳定和发展。他们捐钱捐物，扶弱济困，修桥补路，兴学办社，成了乡村各种“公益”活动的主持或参与者，对乡村治理起到了不可替代的作用。但是，度的把握十分困难，稍有不慎，就会成为“土豪劣绅”“恶霸地主”，就会被列入“打除”的范围。

（二）社会背景

整个封建时代，一直奉行“皇权不下县，县下惟宗族，宗族皆自治”的社会治理模式。乡村与国家在一定程度上相互独立存在，行政系统并不直接参与乡村治理，但这种官方秩序与民间秩序并存的情况，在大部分时间内并没有产生直接的对抗而导致社会的紊乱，反而维护了相对稳定的局面，其中“乡贤”的作用不可磨灭。

首先，自给自足的自然经济催生了乡贤文化。封建时代的乡村经济以家庭或家族为单位，生产是为了直接满足生产者个人或经济单位的需要，而不是为了交换，即使某些产品需要交换，大多为官方垄断，如盐铁，它是社会生产力水平低下和社会分工不发达的产物。这种经济模式，独立性较强，不需要太多的社会交往，也不要求与他人组成密切的组织关系，对官方、政策、市场、社会缺乏必需的依存关系。只要不犯上、不造反、不廷讼，官方也放任其“自治”。而“乡贤”正好填补了这种组织真空与权力真空，承担起村务自治管理的角色。在明朝乡绅的重要性显露无遗。如朱元璋《教民榜文》记载：

“民间户婚、田土、斗殴、相争，一切小事，不许辄便告官，务要经由本管里甲、老人理断。若不经由者，不问虚实，先将告人杖断六十，仍发回里甲、老人理断。”

到清朝，乡贤更是官方的依赖对象。晚清中兴名臣之一、曾经做过思南府知府的胡林翼曾说：“自寇乱（太平天国）以来，地方公事官不能离无绅士而有为。”（胡林翼《胡文忠公遗集》卷86）

其次，封闭落后的生存空间促成了乡贤文化。由于劳动生产力水平低下，很多乡村都在水源充足、土地肥沃、山川秀丽的生存条件好的地方。山峦、河流等自然把乡村隔离开来，一个个封闭落后的生存空间就形成了。在这种空间里，姓氏相对集中，族群规矩相对单一，信仰和习俗相对统一，易于管理。家庭财产、邻里关系、红白喜事等，族长、乡绅一呼百应，显得民风淳朴。即使有争执、纠纷、矛盾，化解都相对容易，这是产生乡贤的良好土壤。另一方面，乡民渴望地方发展和自己富裕，自然将目光投向那些读过书的、有见识的、有名望、有本事的乡贤；而乡贤又能通过自己的政治优势、文化优势、信息优势等以非组织的方式将乡民团结起来，形成特殊的文化现象。“拥有权力和财富、植根于土地的乡绅阶层，连接了以家庭为单位的社会成员与国家，充当了乡村的治理者。”（费孝通《乡土中国》）

乡村治理的现实需求孕育了乡贤文化。古代的中国乡村就是农业社会，生产力不高，农业产品的剩余不足，人口又在不断增长，要实现全民富裕，基本是无妄之谈；没有物质基础，乡村文明建设也只能是纸上谈兵。朝廷也试图找到皇权对基层的着力点，一方面要处理好国家管理队伍急剧膨胀和赋税不断增加；一方面还要想轻徭薄赋、减轻黎民负担。于是从汉代的“休养生息”到清末的“乡村自治”，皇权对乡村治理一直徘徊在“收”与“放”之间。国力强盛时就“收”，国势衰微时就“放”。乡贤的出现就成了现实需求，他们处于官民之间，代表着皇权和民权；他们有传声筒的功能，是上传者，也是下达者；他们既是基层建设者、领路人，也是督查者；是两面派，得八面玲珑，否则就会两头受气。为了维护自身利益，他们必须是皇权的忠实维护者，也必须是百姓的大救星。他们必须做很多扶危济困、修路铺桥、兴学助教的善事，才会赢得尊重，才会推动乡村建设；有时还是民权的支持者，去为民请命，才会得到万民景仰。

光绪三十四年十二月二十七日（1909 年 1 月 18 日）颁布《城镇乡地方自治章程》列举了八项“自治事务”，如下：

1. 本城镇乡之学务：中小学堂、蒙养院、教育会、劝学所、宣讲所、图书馆、阅报社，其他关于本城镇乡学务之事；

2. 本城镇乡之卫生：清洁道路、蠲除污秽、施医药局、医院医学堂、公园、戒烟会，其他关于本城镇乡卫生之事；

3. 本城镇乡之道路工程：改正道路、修缮道路、建筑桥梁、疏通沟渠、建筑公用房屋、路灯，其他关于本城镇乡道路工程之事；

4. 本城镇乡之农工商务：改良种植牧畜及渔业、工艺厂、工业学堂、劝工厂、改良工艺、整理商业、开设市场、防护青苗、筹办水利、整理田地，其他关于本城镇乡农工商务之事；

5. 本城镇乡之善举：救贫事业、恤嫠、保节、育婴、施衣、放粥、义仓积谷、贫民工艺、救生会、救火会、救荒、义棺义冢、保存古迹，其他关于本城镇乡善举之事；

6. 本城镇乡之公共营业：电车、电灯、自来水，其他关于本城镇乡公共营业之事；

7. 因办理本条各款筹集款项等事；

8. 其他因本地方习惯，向归绅董办理，素无弊端之各事。

（三）主要特点

乡贤文化在漫长的发展过程中，因其政治、经济、文化、民俗等多方面的原因，表现出以下主要特点：

1. 理想：高尚民俗、淳朴乡风。使民俗高尚，使民风淳朴，是乡贤们的理想，也是朝廷期望。他们都希望“闾阎扑地，钟鸣鼎食之家”（唐·王勃《滕王阁序》），礼让之风盛行，百事吉祥如意。广大的乡贤，努力践行儒学，在德行、风节、文学、事功上，不断塑造和完善自我。“有以德行称者，有以风节闻者，有以文学著者，有以事功显者”（明·徐一夔《始丰稿》）才会使乡风民俗得以高尚、淳朴，乡村社会治理才会走在法理情的正确轨道之上。所以，那个时代乡贤文化的核心内容就是“重人伦”“端士习”“厚风俗”。

2. 目标：光耀门楣、泽被后世。古代读书人都把立德、立功、立言当作不朽的事业，称为“三不朽”。有人说，历史上只有两个半人做到，一个是孔子，一个是王阳明，还有半个是曾国藩。此说有待商榷。读书人的目标就是光耀门楣、荣归故里、衣锦还乡，乡贤就是以此为基础而成为真正的乡贤；如果更大的目标是撼动日月、舞动乾坤，那就是国贤了。读书人的人生目标并不是一成不变的，年轻的时候想成国贤；老了就想成为乡贤。很多人在朝纵横捭阖，指点江山；告老回乡、赋闲乡里，也能为民请命，服务乡里。他们更多的是受儒家文化的影响，想多做善事，恩荫子孙，泽被后世。

为乡贤建祠，明清为盛。中国人建乡贤祠，得从建宗祠、家庙说起，因为宗祠、家庙里面有不少乡贤。为乡贤建祠历史悠久，要求也严格。汉朝以前叫宗庙或宗祠，唐朝建私庙，宋代改成家庙，祭奠先祖和神灵。宋代以前建宗庙、家庙有两条不成文的规矩：一是信奉儒家，二是有官爵。不知是什么时候，把各家庙里的乡贤析出来，成了乡贤祠，收录的主题纯粹了，收录范围更加广泛，选录条件也宽松了些。赵克生先生在《明代地方庙学中的乡贤祠与名宦祠》中指出，乡贤祠在明代具有普遍性，并从扶翼圣门、彰显人伦，激励后人追崇前贤和化民导俗三个方面概述了乡贤祠的教化作用。据此可以推测乡贤选录条件就是：扶翼圣门、彰显人伦，激励后人追崇前贤和化民导俗。

乡贤祠，是展示乡贤文化的一个重要窗口，增强民族自信和文化自信的因子也在其中。

3. 目的：和谐乡里、乡村自治。“修身、齐家、治国、平天下”是中国古代读书人的理想。对于“家”和“国”的关系，中国传统意义上的理解与今天的理解有差距。最早的时候的“国”的概念比现在小得多，一般指诸侯国或乡邦故土，于是屈原、岳飞、文天祥等就成为这个意义上的爱国主义的典型；后来指那些为中华民族献身的人。“捐躯赴国难，视死忽如归”（曹植），“烈士之爱国也如家”（葛洪），“人生自古谁无死，留取丹心照汗青”（文天祥），“位卑未敢忘忧国，事定犹须待阖棺”（陆游），“先天下之忧而忧，后天下之乐而乐”（范仲淹），“天下兴亡，匹夫有责”（顾炎武），“苟利国家生死以，岂因祸福避趋之”（林则徐），这就是具有民族精神的家国情怀，志士心中装的是“没有国家，哪有小家”思想。而乡贤们考虑的要实际得多：“一室之不治，何以天下家国为”（清·刘蓉）、“没有小家，何谈国家”。其实两者并不矛盾：“没有国，哪有家”，“天下之本在国，国之本在家”，“家是最小国，国是千万家”。

家是组成社会的基本单元，乡贤们认为“家”治理好了，那么一个村、一个国就治理好了。于是他们不烦琐事，躬亲凡事，积极为百姓服务。目的就是要乡里繁荣，和谐发展。这就达到了乡村自治的目的。我们今天重新来阅读明朝《南赣乡约》：“故今特为乡约，以协和尔民。自今凡尔等同约之民，皆宜孝尔父母，敬尔兄长，教训尔子孙，和顺尔乡里。死丧相助，患难相恤，善相劝勉，恶相告诫，息讼罢争，讲信修睦。务为良善之民，共成仁厚之俗。”内容涉及军事训练、政治教育、道德陶冶等方面，涵盖农村社会的方方面面。

（四）古代乡贤的标准

关于贤人的标准，《史记·夏本纪》里一次舜帝与禹、伯夷、皋陶对话中有所论及：

“皋陶曰：‘亦行有九德，亦言其有德。’乃言曰：‘始事事，宽而栗，柔而立，愿而共（通“恭”），治而敬，扰而毅，直而温，简而廉，刚而实，强而义，章其有常，吉哉。日宣三德，蚤夜翊明有家。日严振敬六德，亮采有国。翕受普施，九德咸事，俊乂在官，百吏肃谨。’”

简言之，贤人需要具“九德”：宽而栗，柔而立，愿而共（通恭），治而敬，扰而毅，直而温，简而廉，刚而实，强而义。能达到三德，可封采邑；能达到六德，可保有封国；能达到九德，就可任职，且成为管官的官。对乡贤，“九德”标准太高，“三德”即可。

无论是国贤与乡贤，在朝或在野，共同的标准都是“仁义礼智信，温良恭俭让，忠孝廉耻勇”。核心是“中仁，中理，中德，中道”。中者，符合也。说话做事符合天道、地道、人道，符合客观规律；无论是王侯将相或平民，都能够造福人民。为官的乡贤，指的是通过选拔和举荐担任官绅的人，能够修己治人，关心百姓疾苦，关心家乡建设，故乡百姓以之为荣，本身是国贤，也视之为乡贤；辞官回乡后，继续关心地方发展，为群众服务，成了真正的乡贤，也服务故乡百姓，人民尊敬有加。民间的乡贤，指那些并没有外出做官，同样是有学问之人，不一定很有财富，但关心乡邻，在地方德高望重，能当教师，能写诉讼，能给人评理、辨别是非。很多事情官府出面不好解决，但乡贤出面就好解决得多，因为他们言行举止赢得了当地人的尊重，他们的善举往往赢得功德。这些人也是乡贤。

（五）古代乡贤的培育途径

第一，学校教育是培育乡贤的基础。古代乡贤大多有学历基础，都在书院、私塾、学堂认真进行过正规的伦理道德培训，这是打思想基础、养成良好行为的起始阶段。第二，宗教的教育影响。宗教正能量的教义，对一些后来成为乡贤的人影响很大，在其所为中一直恪守“戒定慧”的佛教思想，一些乡贤，本身就是佛教信奉者；高级的乡贤，也会采用“无为而治”的道家观念治理乡村。第三，武学里武德教育影响。中国武术秉承“为武之道，以德为本”“武德为先，武术次之”“内外兼修”的理念，传统思想是强身健体，护国安邦。强调大义，国家有难，要挺身而出，要敢于牺牲。戒律很多，拜师的时候师傅要讲很多“不能”。古代乡贤，习武者不在少数，有家丁者也很多，也许是治理乡村所必需，但有一点，要成为真正的乡贤，自己、家人、亲属、丁仆，都应该有恻隐之心、羞恶之心、辞让之心、是非之心。第四，“圣旨”培育乡贤。清朝康熙皇帝的“十六条圣谕”宣讲活动非常有名。要求县令每半月组织学习一次，受训者就是乡贤。圣谕体现了官方的政治和道德准则，目的是要下面的人明确自己的职责。《圣祖仁皇帝圣谕十六条》如下：

敦孝悌以重人伦，笃宗族以昭雍睦，和乡党以息争讼，重农桑以足衣食，
尚节俭以惜财用，隆学校以端士习，黜异端以崇正学，讲法律以儆愚顽，
明礼让以厚风俗，务本业以定民志，训子弟以禁非为，息诬告以全良善，
诫窝逃以免株连，完钱粮以省催科，联保甲以弥盗贼，解仇愤以重身命。

“十六条圣谕”以“重人伦”“重农桑”“端士习”“厚风俗”为主旨，成为农耕时代浸透着浓郁的东方伦理道德色彩的行为规范。它的内容是一个古老民族文化在当时生存方式中的基本需求。

（六）古代乡贤的表彰

对于乡贤历朝历代都要大力宣传表彰，就是抓典型、树模范。榜样的力量是巨大的，对社会治理、正能量的传播意义重大。在古代，乡贤肯定会得到奖励，或加官晋爵，或赏赐犒劳，或题字赐宴，或赐黄马褂或抬籍。

康熙皇帝除了给北京孔庙题赠“万世师表”外，还给著名乡贤孔尚任题写过该匾，于是全国文庙大成殿上大多都悬挂了“万世师表”。孔子既是国贤，也是乡贤，为其题匾，代表朝廷对儒学的肯定。万历皇帝就给明朝思南府心学大师李渭题联：“南国躬行君子，中朝理学名臣。”地方长官，也纷纷效仿，为其治下乡贤题字送匾。用语一般就是“德隆望尊”“贤良方正”“泽惠桑梓”“一代耆儒”“教化斯民”等等。乡贤能够得到官民的普遍认同和尊重，是乡贤文化形成和扩大影响的重要推手。

（七）铜仁乡贤举隅

翻阅明清《铜仁府志》《思南府志》《石阡府志》以及《平溪卫志》《松桃厅志》，我们发现铜仁有不少乡贤里望。

1. 明朝

申祐，进士出身，思南府人（今务川县），官至四川道按察御史。事功：打

虎救父、为师请命、献身救帝。

安康，举人出身，思南府人，官居工部郎中、云南澄江知府。事功：关心民众，为官廉洁，著有《青鸾溪集》。

侯位，进士出身，官居福建布政使、江南操江巡抚、应天都御史等。事功：倡修平溪卫学。

田秋，进士出身，思南府人（今德江县），官至广东左布政使。事功：《开设贤科以宏文教疏》上奏朝廷，贵州始有乡试；告老还乡后多做惠民事；与萧重望、敖宗庆、李渭一道，被神宗皇帝称为“西台四杰”；明朝贵州十大名人。

敖宗庆，进士出身，思南府人（今印江县），官至云南巡抚。事功：重农田水利；倡节俭，反奢靡；孝父母；著有《梅坡集》。

陈珊，进士出身，铜仁府人（今碧江区），官山洞兖州同知。事功：为官名言“士大夫能以居乡之心居官，天下必无民怨；能以居官之心居乡，天下必无请托”，为天下所道；以书穿甲，教子有方，育八英，为一郡之冠；著有《西征集》。

李渭，举人出身，思南府人，官广东韶州知府、云南左参政。事功：研阳明心学，传儒家正道；还乡后，讲学为仁书院，学者云集；卒后建祠，明神宗赐联：“南国躬行君子，中朝理学名臣”。

刘时举，举人出身，铜仁府人（今碧江区），官至陕西按察使副使。事功：家世凄楚，知恩图报，为官廉能，民怀吏畏；卒后铜仁建三烈祠以纪。

唐一鹏，进士出身，平溪卫人（今玉屏县），官至广东巡按、太仆寺卿。事功：为官谅解公正，刚直不阿，获御赐“盛世良臣”匾额。

萧重望，进士出身，思南府人（今印江县），官云南道巡抚、都察院左佥都御史。事功：请设安化县学和印江县学。

徐穆，进士出身，铜仁府人，历任福建兴化知府、礼部员外郎、云南按察使。事功：体察民情，操行清廉；回归故里，诗礼传家；著有《闽游滇游诗草》。

曾风采，进士出身，先后任四川长宁知县、广西藤县知县。事功：重视民生，体察民苦，死于任所，死后囊箧肃然，仅得银八两，后人资助入殓，灵柩返乡，百姓缅怀，哭泣送行。

杨如皋，进士出身，铜仁府人，官至云南道监察御史。事功：诚挚恶吏，严办奸商，为人正派，政绩显著。

喻政，进士出身，铜仁府人，先后任湖广龙阳县知县、工部都水司，兵部职方司郎中，福建福州知府。事功：勤奋好学，勤政爱民；著有明朝最大茶书《茶集》。

熊明遇，进士出身，江西南昌进贤人。官至吏部尚书、兵部尚书。因魏宗贤专权，被贬平溪卫。事功：在卫三年，建“鸿雪草堂”，聚士讲学，平溪卫文风大兴；汇编地方诗文集《雄溪文选》；代表文集《南枢集》《青玉集》《格致草》等。

田仰，进士出身，思南府人。官至兵部尚书，御前侍卫大臣，封太子太保，光禄大夫（从一品）、大司马、伯爵。事功：减免赋税，赈济饥民。

费道用，进士出身，石阡府人。先后任福建福清知县、兵部主事、吏部考功司郎中。事功：体恤民情，平反冤案，抗击海盗，力锄奸党；主编《闽南唐雅》，著有诗集《碧桃轩集》。

郑逢元，举人出身，平溪卫人（今玉屏县），官至兵部、礼部尚书、左都御史。事功：师从熊明遇，辅佐晚明；南明亡后，洪承畴征召，婉拒；晚年潜心佛学；主纂《平溪卫志》，著有《谷口集》2卷。

孙顺，进士出身，思南府人，官至兵部尚书。事迹无记。

2. 清朝

张元臣，进士出身，铜仁府人，官江南学政。事功：奖挹后辈，坚持以德才取士；与著名诗家、贵阳青岩人周起渭相交甚密，两人被世人推崇，有“天下有玉尺推二公”之说；著有《江南试牍》《豆村诗钞》。其描绘铜仁美景的诗句十分有名：“湖山深处箐鱼美，鸿雁来时天地秋。会向双江寻钓侣，相看瘦影泻寒流。”

张素，进士出身，铜仁府人，官四川万县知县，四川乡试同考官。事功：做事认真，尊重传统，擅长书法，清贫一生；归休后，主讲铜江书院，参编道光《铜仁府志》。

罗文思，四川合江人，乾隆二十八年（1763）出任石阡知府。事功：重教育，赈济寒门学子，修建明德书院和文庙；修养济院，接济孤贫；修建防洪堤，人称“罗公堤”；纂修《石阡府志》8卷。

田榕，举人出身，平溪卫人，先后任云南保山、安徽太平、湖北安陆知县。

事功：为官清廉，保民爱民，重农开荒，赈饥民；重教育，好经学；纂修《玉屏县志》10卷，著有诗集《碧山草堂集》16卷，存诗1657首。

段玉裁，举人出身，江苏金坛人，清代训诂学家、经学家，官玉屏知县。事功：为官玉屏期间鼓励农耕，不加赋税夫役，诉讼亲查；兴办义学，重视人才；长于文字、音韵、训诂之学，同时也精于校勘，著《段注说文解字》30卷，享誉华夏。

徐如澍，进士出身，铜仁府人，官武英殿分校、编修、三通馆纂修、补山东道监察御史、山东沂蒙州知府、补通政使副使（三品）。事功：治理漕运贪墨，勤于考务；任《四库全书》总缮书官，著有《宝砚山房诗集》20卷，《文集》10卷，《随笔杂记》2卷，纂修道光《铜仁府志》12卷。

洪其绅，进士出身，平溪卫人，官吏部郎中、浙江台州知府。事功：振兴台州文事；御敌防寇；重视农耕；著有《台海事略》4卷，《霞城胪诵》2卷，《易通》6卷。

王三极，进士出身，思南府人（今德江县），官辰州知府，殁后赠正议大夫（正三品）。事功：任官期间，兴利除弊，整饬吏场，颇有政声。

徐培琛，进士出身，石阡府人，官江南道监察御史。事功：七岁咏茶，"翩其千片叶，卓尔一枝花"；为官期间，秉性刚直，惩恶扬善，参奏要案十五件，因开罪道光请辞；因其才学，扬州梅花书院聘为院长，以此终老。

成世瑄，进士出生，石阡府人，先后任宁夏知府、兰州知府、浙江湖州知府、杭州知府、河南布政使、江宁布政使。事功：领属两江总督，皇上屡有嘉奖，曾七次召见；抗英期间，事必躬亲，日理万机，积劳成疾，卒于任上；著有《西湖镜影图》。

在地方志里，乡贤大致有几种：一是本乡本土的贤人，生于斯、长于斯、服务于斯；二是本土出生，成长，科举出仕、服务他乡的贤人，有的客死他乡，有的告老还乡，继续为善乡里；三是把政声卓著、德才兼备的流官也列入乡贤，如上文中的熊明遇、段玉裁。当地人把外地人当成自己人，其实也是一种进步，也是文化认同。不管怎样，正因为有了这些乡贤，这个社会才会发展进步。

【拓展阅读】

卜式传

刘　向

式，河南人也。以田畜为事。时汉方事匈奴，式上书，愿输家财半助边。上使使问式："欲为官乎？"式曰："自小牧羊，不习仕宦，不愿也。"使者曰："家岂有冤，欲言事乎？"式曰："臣生与人无争，邑人贫者贷之，不善者教之，所居，人皆从式，何故见冤？"使者曰："苟，子何欲？"式曰："天子诛匈奴，愚以为贤者宜死节，有财者宜输之，如此匈奴可灭也。"使者以闻。丞相弘曰："此非人情，愿陛下勿许。"于是上不报式。式归，复田牧。

岁余，会浑邪等降，仓府空，贫民大徙，皆仰给县官，无以尽赡。式复持钱二十万与河南太守，以给徙民。河南上富人助贫民者，上识式姓名，曰："是固前欲输其家半财助边。"上于是以式终长者，召拜中郎。

初式不愿为郎，上曰："吾有羊在上林中，欲令子牧之。"式既为郎，布衣草履而牧羊。岁余，羊肥息。上过其羊所，善之。式曰："非独羊也，治民犹是矣。以时起居，恶者辄去，毋令败群。"上奇其言，使式治民，有政声。上以式朴忠，拜为齐相。

【阅读提要】

本文选自《汉书》，介绍了汉朝一个叫"卜式"的贤人，国家有难他捐钱捐物；相邻受穷他资助；有人不善，他教育。这就是一个乡贤的所作所为。朝廷拜其为中郎，赐爵左庶长，先后升任齐相，赐爵关内侯，御史大夫。卜式是典型的齐家治国之干才，河南之乡贤。

【推荐阅读】

[1] 袁灿兴：《中国乡贤》，北京：新星出版社，2015 年。

[2] 费孝通：《乡土中国》，北京：北京大学出版社，2012 年。

[3] 澹泊：《中国名人志》，北京：中国档案出版社，2001 年。

[4] 祝程鹏：《不能忘却的乡贤》，北京：北京美术摄影出版社，2016 年。

［5］陈忠实：《白鹿原》，北京：人民文学出版社，1997 年。
［6］滕贞甫：《刀兵过》，北京：人民文学出版社，2018 年。

【思考题】

1. 说说古代乡贤和新时代乡贤的区别与联系，新时代赋予了“乡贤”哪些新的内涵？

2. 你对《游子吟》里“春晖”内涵的理解。联系春晖行动和春晖文化，说说春晖活动的意义。

土司文化篇

第六讲　守土有功　国家认同

【学习目标】

通过了解土司制度的起源、形成和发展进程，认识和理解中国多民族统一国家的形成与发展特点；通过学习土司文化，正确认识和理解中华民族国家认同的共同心理特点。

【学习重点】

了解和认识土司制度的发展脉络，理解和掌握少数民族地区经济、文化发展的历史进程，把握少数民族地区的经济、文化的发展规律。

【学习难点】

认识和理解土司制度的历史地位和得失利弊，进一步理解中国的民族关系。

【学习例文】

贵州土司·思南田氏土司

张廷玉

思南，即唐思州。宋宣和中，番部田祐恭内附，世有其地。元改宣慰司。洪武初，析为二宣慰，属湖广。永乐十一年置思南府，领长官司四：曰水德江，曰蛮夷，曰沿河祐溪，曰朗溪。思州领长官司四：曰都坪峨异溪，曰都素，曰施溪，曰黄道溪。

初，太祖起兵平伪汉，略地湖南。思南宣慰使田仁智遣都事杨琛来归附，并纳元所授宣慰诰。帝以率先来归，俾[1]仍为思南道宣慰使，以三品银印给之，并授琛为宣抚使。思州宣抚使田仁厚亦遣都事林宪、万户张思温来献镇远、古州军民二府，婺川、功（邛）水、常宁等十县，龙泉、瑞溪、沿河等三十四州。于是命改思州宣抚为思南镇西等处宣慰使司，以仁厚为使。俱岁朝贡不绝。

二年，仁厚死，子弘正袭。帝以思南土官世居荒服，未尝诣阙，诏令率其部长入朝。

九年，仁智入觐，加赐织金文绮，并谕以敬上爱下保守爵禄之道。仁智辞归，至九江龙城驿病卒。有司以闻，遣官致祭，并敕送柩归思南。时思州田弘正与其弟弘道等来朝，帝命礼部皆优赐。十一年，仁智子大雅袭，奉表谢恩。命思南收集各洞弩手二千人，备征调。十四年，大雅入朝。

十八年，思州诸洞蛮作乱，命信国公汤和等讨之。时寇出没不常，闻师至，辄窜山谷间，退则复出剽掠。和等师抵其地，恐蛮人惊溃，乃令军士于诸洞分屯立栅，与蛮人杂耕，使不复疑。久之，以计擒其魁，余党悉定，留兵镇之。

二十年移思南宣慰于镇远。大雅来谢恩。思州宣慰弘正死，子琛袭。三十年，大雅母杨氏来朝。

永乐八年，大雅死，子宗鼎袭。初，宗鼎凶暴，与其副使黄禧构怨，奏讦[2]累年。朝廷以田氏世守其土，又先归诚，曲与保全，改禧为辰州知府。未几，思州宣慰田琛与宗鼎争沙坑地有怨。禧遂与琛结，图宗鼎，构兵。琛自称天主，禧为大将，率兵攻思南。宗鼎挈家走，琛杀其弟，发其坟墓，并戮其母尸。宗鼎诉于朝，屡敕琛、禧赴阙自辩，皆拒命不至，潜使奸人入教坊司，伺隙为变。事觉，遣行人[3]蒋廷瓒召之，命镇远侯顾成以兵压其境，执琛、禧械送京师，皆引服。琛妻冉氏尤强悍，遣人招诱台罗等寨苗普亮为乱，冀朝廷遣琛还招抚，以免死。帝闻而锢之。

以宗鼎穷蹙[4]来归，得未减，令复职，还思南。而宗鼎必得报怨，以绝祸根。帝以宗鼎幸免祸，不自惩，乃更逞忿，亦留之。宗鼎出诽言，因发祖母阴事，谓与禧奸，实造祸本。祖母亦发宗鼎缢杀亲母渎乱人伦事。帝命刑部正其罪，谕户部尚书夏原吉曰："琛、宗鼎分治思州、思南，皆为民害。琛不道，已正其辜。宗鼎灭伦，罪不可宥[5]。其思州、思南三十九长官地，可更郡县，设贵州布政使司总辖之。"命顾成剿台罗诸寨。成斩苗贼普亮，思州乃平。

十二年遂分其地为八府四州，贵州为内地，自是始。两宣慰废，田氏遂亡。

正统初，蛮夷长官司奏土官衙门婚姻，皆从土俗，乞颁恩命。帝以土司循袭旧俗，因亲结婚者，既累经赦宥不论，继今悉依朝廷礼法，违者罪之。

【注释】

[1] 俾：使。

[2] 奏讦：上奏章揭发。

[3] 行人：春秋战国时负责接待诸侯及诸侯之上卿之礼的官员的称谓，元明是对小吏、差役的称谓。

[4] 穷蹙：窘迫，困厄。

[5] 宥：宽容，饶恕，原谅。

【译文】

思南，就是唐代所设置的思州。北宋徽宗宣和年间（1119—1125），田祐恭率其民归附朝廷，于是，田氏便世世代代统治着思州。元代在思州设宣慰司。明洪武（1368—1398）初年，思州分为两个宣慰司，皆隶属于湖广都指挥使司。明永乐十一年（1413）设置思南府，府下统辖水德江、蛮夷、沿河祐溪、朗溪四个长官司；设置的思州府，则统辖都坪峨异溪、都素、施溪、黄道溪四个长官司。

明太祖朱元璋，起兵平定陈友谅大汉政权，攻入湖南的时候，思南宣慰使田仁智派遣都事杨琛来归附朱元璋，并交出了元王朝颁发给他的宣慰司诰命书。皇帝朱元璋因田仁智率先来归附，仍然命田仁智担任思南道宣慰使，并授予田仁智三品银印，同时任命杨琛为思南宣抚使。思州宣抚使田仁厚，也派遣都事林宪、万户侯张思温来归附朱元璋，并献出镇远、古州两个军民府，务川、邛水、常宁等十个县，龙泉、瑞溪、沿河等三十四个州。皇帝朱元璋于是把思州宣抚司改设为思南镇西等处宣慰使司，命田仁厚担任思州宣慰使一职。二田归附后，年年朝贡不断。

洪武二年（1369），田仁厚死了，他的儿子田弘正承袭宣慰使之职。皇帝朱元璋认为，思南这个地方的土官，世代居住于边远的地区，没有到过朝廷，于是下诏，命田弘正率领他统辖的部落首领都来朝廷觐见皇帝。

九年（1376），田仁智到朝廷觐见皇帝，皇帝赐给他许多金丝织成的华丽丝织品，并告诫他如果要保守住自己的爵禄，就一定要做到“敬上爱下”。田仁智辞别皇帝回思南，走到江西九江龙城驿站时，生病去世。朝廷有关部门知道后，派官员到九江龙城驿祭奠。皇帝敕令朝廷，派官员把田仁智的灵柩送归思南。当时，思州宣慰使田弘正与他的弟弟田弘道等，也来到朝廷觐见皇帝，朱元璋命礼部，都要给予优厚的赏赐。十一年（1378），田仁智的儿子田大雅承袭宣慰使一职后，向皇帝上了一篇奏章，以感谢皇帝的恩德。同年，朝廷下令，让思南召集各洞的弩手，准备二千人，听候朝廷调遣。十四年（1381），田大雅到朝廷进贡，觐见皇帝。

十八年（1385），思州许多洞的民众暴乱，朝廷命信国公汤和等带兵征讨。当时，暴乱的洞民有时出来，有时又不出来，没有规律。听到大军来后，立即逃入山谷中躲藏；大军退走后，暴乱的洞民则又出来抢劫。汤和等率军来到思州后，担心那些暴乱的洞民听说大军到来，因害怕而四处逃散，于是命令军队在洞民居住的外面，修建栅栏，建立起许多屯地，开荒种地，并与少数民族民众混杂在一起种地，以便使暴乱的人不产生疑心。很久之后，汤和等设计擒住了带头暴乱的人，其余参与暴乱的人便安定了下来。汤和留下部分将士镇守。

二十年（1387），朝廷令思南宣慰使司官衙从思南迁到镇远。思南宣慰使田大雅到朝廷谢恩。这年，思州宣慰使田弘正死了，他的儿子田琛承袭宣慰使一职。三十年（1397），田大雅的母亲杨氏到朝廷来觐见皇帝。

永乐八年（1410），田大雅死后，他的儿子田宗鼎承袭宣慰使一职。早些时候，由于田宗鼎的凶狠残暴，导致他与思南副宣慰使黄禧结下了怨仇。二人很多年来，经常向朝廷上奏章，互相揭发对方。朝廷以田氏世代守在这片土地上，又是最先来归顺朝廷的，有意要保全田氏，于是调黄禧去辰州任知府。没有过多长时间，思州宣慰使田琛与思南宣慰使田宗鼎，又因争夺沙坑这个地方，相互结下仇怨。黄禧于是与思州宣慰使田琛勾结，谋划怎么对付思南宣慰使田宗鼎，导致二宣慰双方都派出军队攻打对方，兴起兵祸。田琛自称天主，黄禧为大将，率军队攻打思南。田宗鼎带着一家人逃走了，田琛便杀了田宗鼎的弟弟，挖了田宗鼎家祖坟，并把田宗鼎的母亲尸体刨出来羞辱。田宗鼎亲自到朝廷控告田琛。皇帝多次下敕令，命田琛、黄禧到朝廷自我澄清，二人皆抗拒敕命，不来朝廷自辩。反而暗中派狡诈邪恶之人潜入教坊司，观察机会，以便应对。派人潜入教坊司一事被发现后，皇帝派差役蒋廷瓒召田琛进京，并任命镇远侯顾成带兵压其境，抓到了田琛和黄禧，顾成把二人枷械起来送到了京城，二人都认了罪。田琛的妻子冉氏，个性尤其强悍。冉氏派人到台罗等村寨中，劝说苗人普亮起来造反，企图通过这种方式，让朝廷派田琛回来招抚这些造反的苗民，从而使田琛免于一死。皇帝知道后，把田琛禁锢了起来。

田宗鼎虽然是因窘迫而来，所得并没有减少，朝廷于是令田宗鼎回到思南，仍为宣慰使。但是，田宗鼎是一个睚眦必报的人，坚持要朝廷严惩田琛，以断绝祸根。皇帝认为田宗鼎刚刚避免了一场灾祸，却不思自己的过错，反而更加愤怒，皇帝亦把田宗鼎留在了京城。田宗鼎于是四处散播祖母的一些隐秘之事的谣言，说祖母曾与黄禧有奸情，这实在是田宗鼎给自己种下的祸根。祖母亦揭发田宗鼎用绳子勒杀自己生身母亲、渎乱人伦的事。皇帝命刑部调查这些事，以定田宗鼎的罪，并告诫户部尚书夏原吉，说："田琛、田宗鼎各自治理思州、思南，都是民众的祸害。田琛胡作非为，其罪行已经受到惩罚。田宗鼎违背了人伦道德，罪不可饶恕。思州、思南的三十九个长官司地，可以改变为郡县，设贵州布政使司来负责统辖这些地方。"朝廷命令顾成进兵剿灭台罗等村寨。顾成杀了苗人领头人普亮，思州的动乱得以平息。

永乐十二年（1414），遂在思州、思南二宣慰地设八府、四州，贵州为内地，自这时开始。思南、思州两宣慰使司废除，田氏土司的势力也就被消灭了。

正统（1436—1449）初年，思南蛮夷长官司长官上奏朝廷，提出土官衙门里办事的人，都是土人，其结婚的习俗应该遵循当地的习俗，希望朝廷恩准。皇帝认为，土司遵循传统的习俗，已经按土俗办理婚事的，朝廷已经多次赦免，今已不再追究。从今以后，必须按照朝廷的礼法办理婚事，违背者依法惩治。

【文化解读】

本文选自《明史》卷三一六列传第二百四《贵州土司》"思南"条目。

《明史》是一部纪传体断代史，共332卷。也是二十四史中最后一部，记载了自明太祖朱元璋洪武元年（1368）至明思宗朱由检崇祯十七年（1644）270多年的历史。

《明史》还是官修史书中历时最长的一部，前后历经90多年。清朝顺治二年（1645）、康熙四年（1665）曾两次开明史馆，纂修明史，皆未成。康熙十八年（1679），朝廷任徐元文为监修，重开明史馆，当时著名文学家朱彝尊、尤侗、毛斤龄等，皆参与了《明史》的编纂。到雍正元年（1723），先后完成了4

部《明史》稿本：万斯同的《明史》313 卷本和 416 卷本，王鸿绪《明史》（列传）205 卷本和《明史稿》（纪、志、表、传）310 卷本。

乾隆四年（1739），再开明史馆，编修《明史》，形成定本，进呈刊刻。因为这次修书总裁为张廷玉，故现通行本《明史》皆题为张廷玉等撰。

在二十四史中，《明史》以编纂得体、材料翔实、叙事稳妥、行文简洁，为史家所称道。

《明史·贵州土司》篇，记载的是明代贵州土司的历史，内容有：贵阳、思南（思州附）、镇远、铜仁、黎平、安顺、都匀、平越、石阡、新添（金筑安抚司附）。本篇就选自“思南”条目。

“土司制度”起源于中国古代国家的“羁縻制度”

（一）何谓“羁縻制度”

“羁縻制度”是指中国古代王朝封授臣服于中央的少数民族首领一个称号，朝廷便不再过问其内部事务，让其世领其地，世长其民，只要对朝廷表示臣服的一种制度。

“羁縻制度”表明，中国古代王朝对少数民族地区的统治，不是直接统治，而是通过少数民族的首领来间接实现的。

（二）“羁縻制度”的演变

1. 秦汉魏晋南北朝时期

秦始皇统一天下后，为加强边疆的管理，在边疆地区推行“羁縻政策”，即对归附的“西南夷”酋长封授“王侯”、“蛮夷君长”，对夷民征收很轻的赋税，以稳固国家对边疆的统治。秦王朝还以“秦女”嫁给“蛮夷君长”，以为笼络。

两汉在边疆地区也广泛采用“蛮夷君长”统治。如在贵州封授夜郎王、云南赐滇王王印，“复长其民”。总之，凡是来归顺臣服的“蛮夷君长”都给予“王”、“侯”、“君长”的封号。对边疆稳定作出贡献的，中央还加以“将军”、“郎校”、“校尉”等称号。

魏晋南北朝时期，“羁縻制度”仍是王朝政权加强边疆地区统治的重要策略。只是在封授的称谓上有所变化，除“侯”外，更多的是“守宰”、“太守”、“将军”、“刺史”等。

2. 隋唐两宋时期

隋唐时，仍授少数民族首领“刺史”、“太守”等号，还出现了“都督”、“俚帅”、“渠帅”、“县令”等称谓，甚或赠给虚衔。

唐王朝社会经济、文化的发达，国势强盛，边疆少数民族纷纷归附。于是，中央王朝在边疆地区广设羁縻州、羁縻县，任命当地少数民族首领担任州县长官或军事长官。

如西爨首领宏达由长安返回昆州（今昆明）率部归附，唐高祖即任命宏达为昆州刺史，引发云南众多的民族部众纷纷归附中央。唐在归附地区“置七州，十五县，各以其豪帅为刺史、县令”。

唐太宗贞观年间，羁縻州县制度正式成为国家治理少数民族地区的国家政策。据《唐会要》记载，唐代羁縻州达800个之多，远远超过了“正州”331州之数。当时贵州多为羁縻州县，有51州，51县，总辖于黔州（今重庆黔江）都督府。

宋王朝继续在少数民族地区设置羁縻州、县、洞，封授土著首领担任并世袭州、县、洞长官。当时黔中郡“领羁縻州四十九”。宋代设置的羁縻制度较唐代更为完备。

首先，在州、县、洞设置上，实行“分析其种落，大者为州、小者为县，又小者为洞”的管理模式。

其次，建立起了初步的土官承袭制。即土官承袭，须经“国人”上报，当地土官联名“状请”子嗣，然后由朝廷下诏方可。

中国从秦汉到两宋时期的“羁縻政策”不仅巩固了国家在少数民族地区的统治，而且加深了内地与边远民族地区的联系，促进了民族地区的政治、经济、文化的发展。

（三）何谓“土司制度”

土司制度是元、明、清王朝在少数民族地区设立的地方政权组织形式和制度。土司是“土官”和“土司”的合称，都是王朝中央任命和分封的少数民族酋领担任的地方行政长官。土司对辖区内的土地所有权及依附在土地上的民众具有世袭统治权，即“世官、世土、世民”，但土司长官的“承袭”、“纳贡”、“征调”等则必须接受中央的管理。依附在土司领地上的民众除为土司提供繁重的无偿劳役外，还要向土司缴纳或进贡各种实物。

土司制度的形成与完备

（一）土官土司

元王朝时，在西、南少数民族聚居的重要地区或军事重地，实行正长官由蒙古人担任，副贰及下级职官“参用土人”的政策，在行省中也实行“参用土人”的政策，标志着土司制度正式形成。

1. 土官

土官，是指王朝政权在靠近内地或较发达的少数民族地区设置的地方行政机构中，任命所在地少数民族首领担任官职的官员，称为土官。土官世代承袭，对所管辖范围内的土地拥有世代使用权，对依附其土地上的各族民众拥有世代行使行政、治安、司法等权力。

少数民族酋领在路一级机构中担任的官职称为总管或宣慰使，在府级机构中称为土知府、土知州，在县级机构称为土知县、土知州。在正府中担任府下一级机关的职官，有土主簿、土巡检等称谓。以上皆称土官。这种制度到明代成为定制，土官机构一般属府或布政使司统辖，中央属吏部。

元代的路是行省与土府（州）或宣慰司之间的上传下达的行政兼军事的重要机构。如元代设置在贵阳的顺元路宣慰司，不仅土府（州）受其节制，思南、思州、播州等宣慰司也曾受其节制。明代取消了路的设置。

2. 土司

土司指王朝政权在边远或不发达的少数民族地区设置的主管军事兼行政的机构中担任官职的少数民族酋领，即担任宣慰使司、宣抚使司、安抚使司、招讨使司、长官司等机构中的长官，统称“土司”。土司世代承袭，对所管辖范围内的土地拥有世代使用权，对依附其土地上的各族民众拥有世代行使行政、军事、治安、司法等权力。

宣慰司一般情况下是行省与宣抚司、安抚司、招讨司、长官司之间的上传下达的机构，其长官称宣慰使。宣慰司长官，常常兼都元帅府或管军万户府的长官，称都元帅、都元帅长官、管军万户府总管。明代属都指挥使司（一般与布政使、按察使司合称“三司”。三司构成明代最高地方行政机构——行省）统辖，中央属兵部。

宣抚司、安抚司、招讨司的长官，称宣抚使、安抚使、招讨使。

长官司长官，称长官。明朝时，长官司长官还有蛮夷官、苗民官、千夫长、副千夫长等称法。

从宣慰（使）司到长官司，通称为“长官司”，其长官通称“长官”。长官司有的设有副长官司。长官司与副长官司各有自己管辖的土地与族众范围，但副长官受正长官节制。

明朝在少数民族地区的交通要道上和军事要地设立卫所，也采用“参用土人”为官的政策，委任当地民族首领为卫所的土指挥使、土指挥同知、土千百户等官。

一般各级长官司（包括副长官司）都组建有由少数民族成员构成的军队，称为“土兵”。

明王朝使土司制度更加完备，凡元王朝归附的土司“皆原官授之”，并给予相应的“爵禄”和“名号”。其地位分别与司（省）、郡（府）、州、县相当，依品定禄。土司承袭与任命的审核相对于元朝更加严格。

（二）土司的任命与管理制度

1. 土司的任命和朝廷授予的印信冠带

诰敕：是朝廷颁发给土官、土司的“任职证书”，也是朝廷“命官”的凭证。明代规定土司武职招讨使、文职土知州及以上（一至五品）皆授诰命；武职长官司长官、文职土知县及以下（六至九品）皆授敕命。

清代时，诰敕较少，多为“号纸”，即任命文书。

如果土司丢失诰敕（号纸）、印信，则失去其官职和权力。清代尤为严格。

（金）信符、金牌、银印、铜章：是朝廷礼部配发给土官、土司办理各类事务、号令其民、调动军队等，标志其权威的印信，也是朝廷颁给边疆土司的联系证件与凭证。

金符有的也称虎符。如元世祖至元十五年（1278），都掌蛮夷及其属百一十八人内附，元王朝授其酋领阿永为西南番蛮安抚使，得兰纽为都掌蛮安抚使，皆“赐虎符”。

铺马子（又称驿传玺书、铺马圣旨）：是朝廷配发给土官、土司在路途中使用驿站及铺马的圣旨，可称之为通行证。

《元史》卷一百一志第四十九《兵四·站赤》中记：“元世祖至元二十一年二月，增给各处铺马子……荆湖北道宣慰司二道……四川行省所辖顺元路宣慰司三道，思州、播州两处宣抚司各三道……四月，定增使臣分例：正使宿顿支米一升、面一斤、羊肉一斤、酒一升、柴一束、油盐杂支增钞二分，通作三分，经过减半。从者每名支米一升，经过减半。”

（金、银）圆符：是朝廷配发给土官、土司传递紧急军务凭证，可称为紧急军务证明。

冠带：即官服，是明清两朝依品级为土司文武官员授予表示土司不同身份的服饰。

2. 土司承袭、升迁与惩处

（1）土司承袭

元明清三代，土司承袭，一般是由子、侄、兄弟承袭；如无，则由妻承夫职。

明代承袭人范围要广一些，主要有：父死子继，兄终弟及，叔侄相继，妻妾继袭，女媳继职，以“先嫡后庶，先亲后疏”的原则承袭。有的土司妻妾子孙甚多，为避免争袭仇杀，朝廷还规定了“土官册报应袭法”，即老土司在生前把决定承袭的子侄名单造册，抄写四本，送报都、布、按三司各存一本，送中央吏部一本备查。待其亡故后，照名起送承袭。

元代土官、土司承袭皆须经报朝廷准许方可袭职，明代则是承袭人必须到朝廷去请袭。明代还规定，土司子弟不经学校读书者，不得承袭土司一职。明朝廷对各类土司的封授，还常采用“以劳绩之多寡，分尊卑之等差”与“因其疆域，分析其种落”的方式，对土司重新封授。目的是防止土司坐大，威胁地方稳定。明朝廷也对不服从中央或对地方稳定形成威胁的土司，实行改土归流，设置府、州、县，用流官管理。

（2）“升赏”

元王朝对“有勋劳”的土司，往往要给予“升赏”，如有官吏阻难，还要给予处分。明代以军功受到“升赏”的土司最多。土司忠于职守、向政府缴纳粟米，或向朝廷进献土特产、祥瑞之物，皆有获得“升赏”的机会。

如明朝万历年间，铜仁府省溪长官司正长官杨昌绪，因“抚苗功”，受到朝廷嘉奖多达 12 次，任职期间几乎年年获奖；其子杨胜德世袭长官司职（天启三年至崇祯十七年，1623—1644）后，因功授总兵，后又晋升左都督同知。

明朝土司升迁方式主要有：升品级、加授流官名、加授虚衔。加授后也依流官的待遇给予同品级的官禄。

（3）惩处

元朝对土官土司，有罪虽然惩处，但格外宽容。对扰乱地方者，一般不轻易加兵，多采用招谕的办法。

明朝则除“反叛必诛”外，如果是犯罪，一依典刑，重则斩（或凌迟），轻则迁；如果是违法，多为裁革或降职。

如本讲中所讲的贵州思南、思州二宣慰司田氏，先是软禁于南京，后直接改流，二田伏诛。再如云南广南府土同知依即金，因违抗朝命，永乐六年（1408）“赴京自首”，朝廷“发去辽东住坐”。永乐二十六年（1428），铜仁长官司长官李祖述，因“漏苗情，问铁岭卫军”；弘治八年（1495）四川马湖府土知府安鳌“为事问拟凌迟处死，家口迁徙”；万历后期，铜仁长官司长官李永授，“贪酷殃民”，被“谪戍平彝衙”，李永授子李以谦袭职后“称失无存”，明朝廷将铜仁长官司改流为铜仁县。

清代的惩罚主要是对叛逆或犯罪土司采取改流置县。重者伏诛，轻者改流后将土司长官及其家人迁入内地住坐。

（三）朝贡与纳赋

朝贡象征着土司对中央王朝的臣服；纳赋意味着土司地区归属于中央王朝的版籍。因此，中央王朝非常重视土官土司的朝贡与纳赋。

1. 朝贡

元代规定，土官土司以距离远近，或一年，或二年，或三年内必须进京向朝廷进献方物；明代规定三年一贡；清代基本是三年一贡，但也有五年一贡的。新皇帝即位、皇帝生日，也要进贡，这时如进京朝贡，则须朝廷同意。明代时，云南、贵州等地土司三年内须朝觐一次，差人进贡一次，并经布政司给文起送，当年十二月终必须到达京城。

元代和明朝初期对进京朝贡人数未明确规定，只是稍加限制。明初因而有土司进贡人数达千余人之众。如嘉靖七年（1528），容美宣抚司、龙潭安抚司每次朝贡皆率领千人进京。

明中期后，规定“庆贺，每司不许过三人。其三年朝觐，每司止许二人。大约各司共不过百人，起送到京者，不过二十人，余俱存留布政司听赏”。

清朝除一部分进贡珍奇物品的土司需要进京朝贡外，其他土司不再进京朝贡，而是交纳贡物，由各省集中解送京城。

土官、土司的贡物主要是土特产，如奇珍异兽，各种各样皆有。武陵山区最多的贡品是朱砂、黄腊、茶等。明代贵州土司贡大木、朱砂，成为当地民众最大的负担。

凡进京朝贡者，皆有回赐。《明会典》载："凡三品、四品赐钞一百锭，彩段三表里（惟贵州、播州二宣慰使，赐锦二段，彩段六表里）；五品赐钞八十锭，彩段三表里，六品、七品赐钞六十锭，彩段二表里；八品、九品赐钞五十锭，彩段一表一里；杂役衙门并头目人等，自进马匹、方物，钞四十锭，彩段一表里。"当然，如果朝贡时，皇帝高兴，回赐则更加丰富。

如洪武十七年（1384），奢香来朝，"帝悦，赐香锦绮、珠翠、如意冠、金环、袭衣"，二十五年（1392），奢香子安的来朝，"赐三品服并袭衣金带、白金三百两、钞五十锭"。

清代由于土司只交贡，回赐也主要由地方政府承担，故不多。

如果朝贡违例，则要受到朝廷的惩罚。主要有"过期""不及数"两类，即不按时到京和数量、质量不足者要受到惩罚。惩罚方式主要是半赏、停赏和问罪三种。

2. 纳赋

元代在少数民族地区，采取籍民户、立赋法、征租税方式加强对民族地区的统治。

籍民户，即登记民户和土地数，制定征收租赋数额。立赋法，即订立租赋征收的办法。征租赋，即确立每户租额。

元王朝在贵州"籍民户"始于元世祖至元二十九年（1292），称为"阅户"或"籍户"。这是文献记载的国家第一次在贵州境内开展户口登记。结果民户逃匿甚众。同年五月份，元廷不得不下诏安抚民众，"因阅户惊逃者，各使安业"。

明代在土司地区制定了一套纳赋办法，其主要表现是：

首先，编户。主要针对邻近汉族地区的少数民族民户，经过招抚，入籍为编户，编户后须向国家输赋。未入籍为编户，则不输赋。

其次，土司自输。即土司新归附时，赋税听其自输，朝廷不强迫其输赋。

第三，定赋额。品种多为银、粮食类和布类，也有用土特产折抵银、粮的。

明代贵州少数民族地区赋额数远低于汉族地区。朱元璋曾说，贵州租赋

“自今定其数以为常，从宽减焉”。

明代铜仁府的土司（万历年间）所交赋额如下。

秋赋：

省溪司　朱砂 11 斤，秋粮 260 石 7 斗 9 升 1 合，商税盐钞银 2 两 8 分；

提溪司　黄蜡 53 斤，秋粮 110 石 7 斗 5 升 2 合 3 勺，商税盐钞银 8 钱 1 分；

平头司　黄蜡 53 斤，秋粮 91 石 8 斗 3 升，商税盐钞银 8 分 3 厘；

乌罗司　黄蜡 57 斤，秋粮 235 石 7 斗 4 升 9 合 1 勺，商税盐钞银 2 两 3 钱 4 厘；

万山司　朱砂 5 斤 8 两，水银 29 斤 8 两，秋粮 9 石 9 斗，商税盐钞银 7 分 2 厘。

夏税：名“洞蛮麻布”。铜仁六司一县须交纳 259 条 1 丈 5 尺（每条长 2 丈，宽一尺）。

第四，蠲免。即免除一定期限内应交租赋。一般是因灾荒歉收或军功受奖蠲免。目的是体现朝廷的仁政或恩宠。

第五，折纳。即以物折银交纳。

编户之民往往由于地方官吏和土司双重强征滥派，使得土民皆苦不堪言，故经常爆发土民反抗王朝统治的起义。

（四）土兵

土司统治地区的精壮男子都有服兵役的义务，称为土兵。

元明时期，土兵直接隶属于土司。清代土兵直接隶属于土司的较少，但国家设置在各地的营、汛、哨、所当兵的为数不少，称为土弁、土兵或营汛土兵。由于土兵“习战斗，谙边情”，战斗力很强。

土兵平时“保境安民”，即除了保护土司的生命安全外，还要为土司维护统治秩序。王朝有战事时，则服从国家征调出征打仗。

（五）土司吏目

吏目，流官系列中的一种官职名。始设于金朝，负责案牍和管辖吏员，同时处理官府内部具体公事。明朝地方各州皆设有吏目，为从九品，掌刑狱及官署内部事务。明代，若州无同知、判官，吏目则分理州事。清设于地方各州，从九品，掌司奸盗、察狱囚、典簿录。

明清各类土司衙门中多设有吏目一职，由朝廷任命。其主要目的是协助土官、土司依国家法令、法典处理各类事务和文书往来事务；其次则是用以约束、监督土官。

今天如何看待土司文化

（一）土司制度的作用

1. 使国家空前统一，促进了少数民族族群国家认同的逐渐形成

自元代土司制度形成后，使我国西、南、西南等地的处于落后的少数民族地区实现了空前统一和领土完整，彻底改变了羁縻制度下的“附则受而不逆，叛则弃而不追”的历史局面，再也没有出现过如汉朝的“夜郎”“滇”“南越国”，唐朝的“吐蕃”“南诏”，宋朝的“大理”“罗氏鬼国”“自杞国”“南天国”等地方性割据政权。

2. 使少数民族地区社会相对安定，促进了少数民族地区政治、经济的发展

在实行土司制度七百年间，在西南少数民族地区除了几次局部时间的动荡外，社会秩序基本安定。虽历两次改朝换代，但少数民族地区没有受到严重的破坏，人民也没有遭受大规模战争的灾难，社会秩序相对安定，生产逐步在向前发展。所以，土司制度客观上起到了有利于社会生产发展的作用。而且，随着汉族先进文化的传入，水利设施与农业、手工业、饲养业都有了很大的进步和发展，出现了“畴事开垦”、“茶芽賨布”、“麻麦稻粳”，直达帝京的繁荣景象。

3. 促进了少数民族地区文化教育事业逐渐兴起与发展

明代规定：“土司应袭子弟，悉令入学，以格顽冥。如不入学者，不准承袭。”这样，土司子弟为了能够承袭父职，世传印绶，同时也为提高统治力，增加威望，皆入学校学习汉文化，促使少数民族地区学校教育的逐渐兴起。

明清时期还出现了如容美土司田甘霖和其子田舜年等，“颇嗜诗书”，并传下《二十一史纂》、《白鹿堂集》、《容阳世述录》等著作的土司知识分子。也出现了如进士田秋，曾官至广东布政使，为官二十年，直言敢谏，廉洁奉公等官员。田秋向明世宗嘉靖皇帝上《开设贤科以宏文教疏》，奏请在贵州独立设乡试考场，于嘉靖十四年（1535），获得朝廷批准。两年后，贵州首次开科，使贵州人才从此直追中原。

4. 土司武装力量在保国卫疆中作出了很大贡献

明清时期西南土司武装力量，在保国卫疆中也曾作出过很大贡献。

如嘉靖三十四年（1555）的抗倭战争，湖广土兵与广西“狼兵”约3万人参加，仅广西田州瓦氏夫人就亲率土兵6000人，湖广永顺土司彭翼南带兵3000人，彭翼南祖父彭明辅带兵2000人，保靖土司彭荩臣带兵3000人，容美土司田九霄带兵一万，还有桑植土司、麻阳土司、酉阳土司、麻寮土司等也带兵前往抗击倭寇，并取得了胜利，显示了土兵的战斗力。

十九世纪末，在抗击英国侵略者入侵云南的战斗中，景颇族等各族人民，奋勇抵抗，断断续续与英军战斗了20年，阻滞了英国侵略者进入中国西南的步伐。光绪二十六年（1900），英国侵略者企图掠夺滇西班洪银矿，佤族人民与官军一道与英军展开多次激烈的战斗，把侵略者赶出了班洪。

（二）土司制度的流弊

土司制度也为少数民族地方带来了很多负面的影响，主要体现为：土司依然具有地方割据性的特点；土司统治中压迫百姓十分残酷；土司在掠夺土民也非常的野蛮；土司生活荒淫腐化可称极端。也正是这种种流弊，最终导致国家对其改流，使土司制度走到历史的终点。

【拓展阅读】

贵州土司·铜仁土司

张廷玉

铜仁，元为铜人大小江等处军民长官司。洪武初，改为铜仁长官司。永乐十一年置铜仁府。万历二十六年始改铜仁长官司为县治。领长官司五：曰省溪，曰提溪，曰大万山，曰乌罗，曰平头著可。乌罗者，本永乐时分置贵州八府之一也，所属有朗溪长官司、答意长官司、治古长官司，而平头著可长官司亦隶焉。

宣德五年，乌罗知府严律己言：“所属治古、答意二长官石各野等聚众出没铜仁、平头、瓮桥诸处，诱胁蛮贼石鸡娘并篁子坪长官吴毕郎等共为乱，招抚不从。缘其地与镇溪、酉阳诸蛮接境，恐相煽为乱。请调官土军分据要地，绝其粮道，且捕且抚。事平之后，宜置卫所巡司以守之。”事闻，命总兵官萧授及镇巡诸司议。于是授筑二十四堡，环其地守之。兵力分，卒难扞御。贼四出劫掠，杀清浪卫镇抚叶受，势益獗。七年，巡按御史以闻，且言生苗之地不过三百余里，乞别遣良将督诸军殄灭。授言："残苗吴不尔等遁入箪子坪，结生苗龙不登等攻劫湖广五寨及白崖诸寨，为患滋甚。宜令川、湖、贵州接境诸官军、土兵分路并力攻剿，庶除边患。"从之。既降敕谕授，言："暴师久，恐蹉跌为蛮羞，或抚或剿，朕观成功，不从中制。"

…………

正统三年革乌罗府，所属治古、答意二长官司，乱后残民无几，亦并革之，以乌罗、平头著可隶铜仁，以朗溪隶思南，从巡按御史请也。

景泰七年，平头著可长官司奏其地多为蛮贼侵害，乞立土城固守，从之。成化十一年，总兵官李震奏："乌罗苗人石全州，妄称元末明氏子孙，僭称明王，纠众于执银等处作乱，邻洞多应之。因调官军往剿，石全州已就擒，而诸苗攻劫未已。"命镇巡官设策抚捕，未几平。嘉靖二十二年，平头苗贼龙桑科作乱，流劫湖广桂阳间，甚獗。帝以诸苗再叛，责激乱者，而起都御史万镗往讨之。明年，镗奏叛苗以次殄灭，惟龙母叟虽降，然其罪大，宜置重典。命安置辽东。未几，龙子贤复叛。二十六年，湖贵巡按御史奏官军讨贼不力，降旨切责。三十九年，总兵官石邦宪剿之，擒首恶龙老罗等，遂平。

（选自《明史》卷三一六列传第二百四《贵州土司》"铜仁"条目）

【推荐阅读】

［1］龚荫：《中国土司制度》，昆明：云南民族出版社，1992 年。

［2］李朝晖，李世愉主编：《土司制度与土司文化论集》，北京：社会科学文献出版社，2016 年。

［3］徐弘祖：《徐霞客游记》，上海：上海古籍出版社，2016 年。

［4］洪涛主编：《土司制度与土司文化新论》，北京：中央民族大学出版社，2018 年。

［5］李世愉：《土司制度基本概念辨析》，《云南师范大学学报（哲学社会科学版）》2014 第 1 期。

［6］李世愉：《土司文化遗产的独特魅力》，《人民政协报》2015 年 8 月 1 日，第 11 版。

【思考题】

1. 中国元明清时期的土司制度有什么特点？土司制度在我国古代历史进程中发挥了哪些作用？

2. 如何正确理解和看待土司文化？

3. 土司文化在今天受到世人的重视，它究竟有何值得研究的价值？如何挖掘才能使其为民族地区的经济、文化的发展作出贡献？

农耕文化篇

第七讲　农耕芒芒　诗意栖居

【学习目标】

认识和理解中国五千年的农业文明对我国文化演变和发展产生影响和作用，中国文化的发展也促进着农业文明不断进步。

了解乌江农耕文化的地域形态，理解农耕文化的基本特征；理清乌江农耕文化与家族文化、历代农政的关系；梳理农耕文化与民间文化的渊源；掌握农耕文化形成的理论体系和传播模式。

培养开拓进取、自强不息、道法自然、和谐共生、同舟共济、守望相助、孝友耕读、勤俭持家的优良精神和品德意志。

【学习重点】

通过学习农耕文化，积极培育文明乡风、良好家风、淳朴民风，锻造和传承智慧、睿思、创新、勤劳与坚毅的优良品德。

【学习难点】

乌江农耕文化自然和人文背景解析和文化体系的深度解构，乌江农耕文化升华的路径。

【学习例文】

农桑辑要·典训·经史法言

孔颖达等注

“八政”[1]：一曰食。二曰货。孔颖达曰：“教民使勤农业也。人不食则死，食于人最急，故教为先也。食则勤农以求之。教民使求资用也。衣则蚕绩以求之。”

《无逸》[2]：周公曰：“呜呼，君子所其无逸。先知稼穑之艰难乃逸，则知小人之依。”孔安国曰：“稼穑，农夫之艰难事，先知之，乃谋逸豫，则知小人之所依怙。”

《礼记·王制》：“国无九年之蓄，曰不足；无六年之蓄，曰急；无三年之蓄，曰国非其国也。三年耕，必有一年之食；九年耕，必有三年之食。以三十年之通，虽有凶、旱、水溢，民无菜色。”

《孝经·庶人章》：“用天之道，刑昺曰：‘春则耕种，夏则芸苗，秋则获刈，冬则入廪。’分地之利，刑昺曰：‘分别五土[3]之高下，随所宜而播种之。’谨身节用，身恭谨，则远耻辱；用节省，则免饥寒。以养父母，此庶人之孝也。”

《史记》：“太史公曰：‘居之一岁，种之以谷；十岁，树之以木；百岁，来之以德[4]。德者，人物之谓也。今有无秩禄之奉、爵邑之入，而乐与之比者，命曰“素封[5]”。故曰：陆地牧马二百蹄；《汉书音义》曰：“五十匹。”牛蹄角千；《汉书音义》曰：“百六十七头也。”孟康曰：‘“马贵而牛贱，以此为率。”千足羊；韦昭曰：“二百五十头。”泽中千足彘；水居千石鱼陂；徐广曰：“鱼以斤两为计百二十头为石。”山居千章之材；安邑[6]千树枣；燕秦千树栗；蜀、汉、江陵千树橘；淮北、常山[7]已南，河、济之间，千树萩；陈[8]、夏引千亩漆；齐、鲁千亩桑、麻；渭川千亩竹；及名国万家之城，带郭千亩亩钟之田；徐广曰：“六斛四斗也。”若千亩卮[9]、茜；徐广曰：“卮音支，鲜支也。茜，音倩，一名‘红蓝’，其花染缯赤黄也。”千畦姜、韭；徐广曰：“千畦，二十五亩。”骃按，“韦昭曰：‘畦，犹垄也。’”此其人，皆与千户侯[10]等。然是富给之资也，不窥市井、不行异邑，坐而待收；身有处士之义，而取给焉；岂非所谓“素封”者耶！’”

《前汉·食货志》：“周制，种谷必杂五种，以备灾害。‘五种’即五谷，谓黍、稷、麻、麦、豆也。还庐树桑[11]；菜茹有畦；瓜、瓠、果、蓏[12]，殖于疆场；鸡、豚、狗、彘[13]，毋失其时；女修蚕织；则五十可衣帛，七十可以食肉。入者必持薪樵，轻重相分；斑白不提挈。冬，民既入，妇人同巷，相从夜绩。女工，一月得四十五日。服虔曰：‘一月之中，又得夜半为十五日，凡四十五日也。’必相从者，所以省费燎力峤反火，同巧拙，而合习俗也。”

《管子》："民无所游食[14]，则必农；民事农，则田垦；田垦，则粟多；粟多，则国富。"

《齐民要术》："《传》曰：'人生在勤，勤则不匮。'古语曰：'力能胜贫，谨能胜祸。'盖言勤力可以不贫，谨身可以避祸。庸人之性，率之则自力，纵之则惰窳耳。稼穑不修，桑果不茂，畜产不肥，鞭之可也；杝落不完，垣墙不牢，扫除不净，笞之可也。此督课之方也。且天子亲耕，皇后亲蚕，况夫田父，而怀窳惰引乎？"

【注释】

［1］八政：《尚书·洪范》篇所说的"八政"，皆为人主施政的要务，"一曰食，二曰货，三曰祀，四曰司空，五曰司徒，六曰司寇，七曰宾，八曰师"。

［2］《无逸》：《尚书·无逸》篇，"孔传"说是周公诫成王的作品。时成王初即位，故戒其勿贪求逸乐。

［3］五土：照《周礼》的说法，"五土"是指山林、川泽、丘陵、坟衍、原湿五大类土地。

［4］德：《管子·权修》篇谓"一年之计，莫如树谷；十年之计，莫如树木；终身之计，莫如树人"，故知"德"者，实指才德之人。

［5］素封：《史记正义》谓"不仕之人，自有园田供养之给，其利比于封君"。

［6］安邑：今山西夏县乃安邑镇一带。

［7］常山：常山郡，汉置，在今河北省，郡治在今元氏县。河、济：二水名。《周礼·职方氏》"兖州，川曰河济"。济水、黄河为山东主要的大川。本句所指地区，包括河北南部之元氏县以南至山东北部。

［8］陈：今河南淮阳县。夏：今河南禹州。

［9］卮：徐广曾在他处将"卮"解释作"烱支也，紫赤色也"。

［10］千户侯：食邑千户的侯爵。

［11］还庐树桑：殿本在句下有小注："颜师古曰：还，绕也。"

［12］蓏：《说文解字》谓"蓏：在木曰果，在地曰蓏"。古书上称瓜类植物的果实为"蓏"。

［13］彘：本指大猪，后泛指一般的猪。

［14］游食：重农派的法家人物，将“舍本事末”之人统称作游食之民。其中包括商贾、技艺（手工业者），以诗、书、礼、乐求官的人等。

【译文】

《尚书·洪范》篇所称“八政”，第一条是“食”。是为了教民勤于农业。人不吃饭便会饿死，食物对于人是一天也离不开的，故作为施教的首要。想要得到食物，便只有勤于农事才可得到。第二条是“货”。是为了求取必要的生活资料。想穿衣服，便只有勤于养蚕织帛，才可得到。

《无逸》：周公说：“啊，君子在位不应首先谋求个人的享乐，应先体察农事的艰苦，然后再谈个人的逸乐，这样做便会知道农夫们是如何生活了。”农事耕作是农夫们从事的艰苦工作，君子应事先有所了解，再求个人的逸乐，才会知道百姓小民靠什么维持生活。

《礼记·王制》篇：“一个国家，没有九年的储备，称为‘不足’；没有六年的储备，称为‘危机’；没有三年的储备，那么国家便不能成其为国家了。耕种三年，必须留存一年的口粮；耕种九年，应留存三年的口粮。以三十年计算，储粮充足，即使遇上大旱、大水等凶年，百姓们脸上也不会看出有吃野菜的颜色。”

《孝经·庶人》章：“利用天气四时变化（春天耕种，夏天耘锄，秋天收刈，冬天入仓），分别对不同的土地加以使用（分别五土地势高下，因地制宜地进行播种），谨慎言行，节省开支（言行谨慎，便不致蒙受凌辱；节省开支，便能避免饥寒），用来奉养父母，这就是平民百姓的‘孝道’。”

《史记》：“太史公说：‘居住满一年，可种植五谷；满十年，可种植树木；满百年，（岁收）来自“德”。（德，是专指学成名就的人）。今有人一无官位俸禄，二无封邑岁贡的收入，但他们的财富，却可和官宦人家相比拟，名为“素封”。常言说：在荒原陆地，放牧的马满二百蹄；（《汉书音义》说：“二百蹄是马五十匹。”）牛的蹄和角满一千；（《汉书音义》说：“蹄角千是牛一百六十七头。”“马价贵，牛价贱，其比数以此为准。”）羊只的足数满一千；沼泽水草丰茂地带，猪满千只足；（韦昭说：“千只足是二百五十头。”）水乡居民，有千石产量的鱼塘；（徐广说：“鱼的数量是用斤两作单位计算的。”）山区居民，有千株成材的大树；安邑地方，有千棵枣树；燕、秦地方，有千株板栗；蜀、汉、江陵一带，有千棵柑橘；淮北、常山以南至黄河、济水之间，有千株长成的櫰树；

陈、夏地方，有千亩漆园；齐、鲁地方，有千亩桑田或麻田；渭川平原，有千亩竹园；还有著名的大都会和满万户人口的大城市郊区，有千亩亩产一钟的良田；（徐广说：“一钟是六斛四斗。”）种有卮、茜千亩；（徐广说：“卮，音支，是指鲜支。茜，音倩，一名‘红蓝’，花染赤黄色。”）种有千畦生姜和韭菜；（徐广说：“千畦是二十五亩。”骃按：“依照韦昭的注解，‘畦’字与‘垄’同义。”）以上所说的人家，都可以同千户侯一样富有。但他的财产，既不是来自市场经商，也不是来自外地贩运，而是人坐在家中等着收成。他们这样的人，既享有清高脱俗的“处士”的声名，又有这样多的收入，岂不是无官位俸禄的“素封”吗！

《前汉书·食货志》：“周代的制度：种植谷类作物时，必须同时播种五种，预防有的谷种可能因发生灾害而失收。（‘五种’即五谷，小米、黄米、麻、麦、豆。）桑树栽种在庐舍周围；菜茹种植在园圃中；瓜瓠果蓏种在田头地畔；鸡、大猪、狗、小猪，按时喂养；妇女养蚕织帛；照这样做，五十岁的人便可以穿上丝帛，七十岁的人便可吃到肉食。农夫收工回家，必须捎带薪柴，重量多少各有不同，只有头发斑白的老人，才准许空着手回来。到了冬季，农夫从田回到里巷。同一里巷的妇女，要集中在一起进行夜间纺织。这样做，会使女工在一月以内，可完成四十五天的工作。（服虔说：‘一月之中，另加每天半夜纺织，合计十五天，所以共有四十五天。’）要集中一处进行夜间纺织，是为了节省燎火费用，燎，力峤反。交流技术，统一里巷居民的习俗。”

《管子》：“百姓没有游食的门路，必然会务农；百姓务农，田地便会开垦；田地开垦，粮食必然会增多；粮食多，国家必富。”

《齐民要术》：“《传》曰：‘平民谋生的方法，依靠勤力，勤勉的人食用就不会缺乏。’古话说：‘力勤能战胜贫穷，谨慎可免除灾祸。’是说人勤可以不受贫，谨慎可以避免灾祸。平凡人的性格，在官府的监督下，尚可努力工作，一旦放任不管，便会变得懒惰，作风败坏。所以说，凡是庄稼种得不好，桑树、果树生长不茂盛，牲畜喂养不肥壮的人，便应该用鞭子抽。凡是棆落残破不全、墙垣不牢固、庭院扫除不洁净的人，便可以用板子打；这就是督导农夫好好生产的有效方法。皇帝尚且需要‘亲耕’，皇后尚且需要‘亲蚕’，像那些身为农夫，而心怀窳惰之情不努力务农的人，难道是可以的吗？”

【文化解读】

我国是世界古代农业的一个重要发祥地。我们华夏先祖植五谷、饲六畜、耕织结合、农桑并举为后来几千年中一个又一个以农业文明为主的朝代演变打下了良好的物质基础和生产力基础。几千年的农业文明对我国文化的演变和发展起到了深远的影响和作用，文化的发展也在促进着农业文明不断地进步。

《农桑辑要》是我国最早的官修农业著作，真实地反映了农业文明和国家的关系。对我国整个的农业文明的发展史起到了推进作用。13 世纪末，随着元朝完成全国统一，过去长期以游牧为主要生活方式的蒙古族随之向封建时代转变，开始逐渐重视农耕产业的发展。至元七年（1270），元朝中央政府设立了司农司，专门负责农桑水利的统筹管理与考核，组织专业人员编纂《农桑辑要》，统一刻印后颁行各地。

《农桑辑要》共分为七卷，字数超过了六万字。具体包括了孳畜、药草、竹木、果实、瓜菜、养蚕、栽桑 、播种、耕垦、典训等十大门类。此书的编纂主要是以南北朝时期著名农学家贾思勰的《齐民要术》为基础并集成了《桑蚕直说》《士农必用》《博文论》《务本新书》《农桑要旨》等古代农书文献的精华部分。整部书记录引用农艺技术著作多达 30 余种。《农桑辑要》在成书以后一共刻印了 1 万多部，广为流传。但也由于《农桑辑要》是元朝官书的原因，在元朝灭亡之后，也无法逃离被废止和销毁的宿命，从此在民间很少出现。到了清朝乾隆年间，在编纂《四库全书》时错误地将元刻本官修的《农桑辑要》列为失传的书籍，随着历史的更迭与演变，官修元刻本《农桑辑要》的真迹目前仅存一部收藏于上海图书馆中，可以说是当世仅有的孤本。

《农桑辑要》记录的农业知识与农业技术较为丰富，所覆盖的内容也相对比较全面。此书还对元朝之前各朝代的农业生产与农耕技术进行了归纳与总结并加以继承和创新。这部书中的典训篇是整部书的总论，明确阐述了国家应当坚持“以农业为本”的发展思想。典训篇引述许多历史文献和资料来说明农业生产的重要性，强调农业生产是人民生活的根本，也是社会的基础。第一次提出了农桑并重的概念与思想，并且醒目地写在书中的标题上。栽桑与养蚕业得到了元朝中央政府的高度重视与扶持，直接地促进了元朝丝织业的快速发展。间接影响到当时生产力与生产关系的相互发展，为明代工商业资本主义萌芽的出现打下了良好的基础，并为黄道婆等改进与发明棉纺织技术作出了物质和技术上的铺垫。

《农桑辑要》是一部官颁的农业技术教科书，它所介绍的主要是生产经验和生产技术知识，因而它服务指导的对象是广大的农业劳动者。如《农桑之制十四条》中所指的“社众”“农民”“诸民”“每丁”“民”“贫民”“余户”“在社之人”等，只有农民掌握了农业科学技术，才能够提高农业生产。

贵州竹枝词中的农耕经济文化

贵州喀斯特地形复杂多样，属于温带湿润性季风气候，民族众多，生存环境的多样性催生了民族农耕文化的丰富积淀。根据经济文化类型的理论框架，在农耕经济文化类型组之下，我们可以相当清晰地将贵州的农耕文化划分出五种各具特点的经济文化类型，即采集农耕经济文化、渔猎农耕经济文化、斯威顿耕作经济文化、种植农耕经济文化、农业工商经济文化。

（一）采集农耕经济文化

由于贵州山多地少，土壤瘦瘠，从事农业的民族不能满足衣食基本需求，只有依靠“耕作之暇”从事渔猎和入山采集来填补生活所需。采集主要山货有：山楂、刺梨、鸡枞、蕨菜、苦蒜、药材、生漆等。如清代乾隆时期，余上泗在《蛮峒竹枝词》写道：“救军粮出无人市，绕向长街卖刺梨。”救军粮本是乌江流域野果，丛生而多刺，味涩不中吃，相传诸葛武侯南征，军中乏食而采之充饥。道光时期，张国华《咏贵阳府竹枝词》载：“只有黑苗生计少，沿街却喊卖山楂。”毛贵铭《西垣黔苗竹枝词》载：“郎在山头割漆来，妹在山腰采药回；采药采得相思子，割漆休将树割开。”

贵州粮食短缺，蕨菜是充饥的主要食物，采蕨菜在竹枝词中篇章精彩纷呈。康熙时期，田榕《黔苗竹枝词》“石田硗确苦菑畬，采蕨资生八口舒”；吴振棫《黔苗杂咏》载“苦蒜盈篮不值钱，春山又采蕨如拳”。欧阳朝相在《都匀竹枝词》描绘的“龙爪猫头取次生，村姑对对负筐行；山头正好清风引，绝妙千喉共一声”诗句，刻画了苗民成群结队上山采蕨（龙爪猫头）的情景。余上泗《蛮峒竹枝词》写道：“盘山山蔬频苦淡，蕨根渍水代盐尝。”各族人民以蕨灰代盐，清代蒋攸铦《黔阳竹枝词》再云“无盐巧用蕨灰香”，“黔无盐，故价昂，而民甘食淡”。

清代毛贵铭《黔苗竹枝词》云“三足铁锅燃烂薪，蛇蛙雀鼠食品鲜”，余上泗《蛮侗竹枝词》“山中野菜名罗鬼，采得盈筐当晚馐”，则是乌江流域人们采摘野生果菜作晚餐的注脚。

（二）渔猎农耕经济文化

贵州属于山地耕猎文化区，以竹枝词佐证清代有仡兜、花苗、九股苗以狩猎为生计。清道光年间的《大定府志·峒蛮竹枝词一百首》中有歌颂倬家围猎的诗：“一任云霞绕四周，篱垣不具处山头。高坡漫道谋身拙，逐鹿还须让仡兜。”诗注：“仡兜苗好居高坡，不篱不垣，常逐鹿、罗雀为食。”李宗昉《黔记》卷三：“花仡佬又名仡兜苗，在施秉、龙泉及黄平等处。男子懒耕作，好猎，逐鹿罗雀为事。妇女两袖绣五彩，周身饰以蚕茧，累累如贯珠。”

张澍《黔苗竹枝词》“岩颠栖止缺篱垣，逐鹿罗禽供俎幡；岂有廿蝇穿虫手，镞头齁泣猱猿”，仡儿“好高坡居之，四时配刀弩，入山逐禽兽，其药箭尤毒，伤者立死”。毛贵铭在《西垣黔苗竹枝词》也载“罗禽逐鹿好身手，药箭一支猿乱泣”。

余上泗《蛮峒竹枝词》载“三数人撑一弩开，筒中竹箭久安排；下山浑似猿猱疾，才向前村射虎来”。九股苗善造强弩，名“偏架”，常常展开猎虎活动。余上泗另载“赤脚登崖不被创，草枯牵犬猎山岗；禽心哪解汤王誓，密网还从四面开”注解“登山网禽，花苗最善”。

贵州依靠渔猎的种族有：蛮人、洞人、仡兜、罗族、花苗、冉家蛮（渔家蛮）、佯僙、平伐苗、水家苗、水仡佬。

康熙年间田榕《黔苗竹枝词》曰“架鹰呼犬生来惯，不畏深山虎豹号”，清时，洞人善架鹰呼犬，其生计主要是渔猎；佯僙从事渔猎见余上泗《蛮峒竹枝词》“悬磬空空一室孤，衣冠不与汉家殊；丸泥亦可封门户，杜若溪头下网罟”。注解“佯犷即扬荒，播之遗民也。荆壁草门，出入以泥封之，渔猎为事”；余上泗《蛮峒竹枝词》载蛮人“懒于耕稼勤于猎，但著蓑衣过年岁”，注解“性最懒，喜渔猎”；余上泗《蛮峒竹枝词》描述冉家苗“水旱稻粱收拾遍，篱边剖竹制鱼罟”，注解“渔家蛮好渔猎”。贵州古时俗语“苗人不上市，城中休吃鱼”。

余上泗《蛮峒竹枝词》载：“结屋依岩号土民，谋生常是水中身；解衣不怕三冬寒，入得深潭捉巨鳞。”描述水仡佬不畏严寒善于捕鱼。舒位《黔苗竹枝词》又证：“扰家捕鱼鱼欲愁，占得烟波老未休；只道诛茆山上住，谁知结屋水中洲。”作者注“虽隆冬也能入渊，故曰‘水仡佬’”；张澍《黔苗竹枝词》再证“扰家风俗未离奇，婚嫁依然用鹿皮；信得杨农是老户，捕鱼何让摸鱼儿”；

毛贵铭《西垣黔苗竹枝词》叠证“捕水谁是扰家奇，水獭前身未可知；摸得鲤鱼长尺半，浅冰河里探头时”。

毛贵铭在《西垣黔苗竹枝词》又载：“鬼岩山上树常扛，射身男妇语音咙；桃竹溪边启渔网，惊起野鸬鹚一双。”作者注：“思南、沿河司冉家蛮，喜渔猎，男女来往鬼岩山，桃竹溪等处，得虾以为美食。”

（三）斯威顿耕作文化

“斯威顿耕作经济”也称“刀耕火种”“锄耕农业”，它是在“采集-狩猎经济”基础上进化突变产生的新农耕经济模式。道光时期郎保辰在《黔中杂咏》中载“火褥刀耕风自古，蛮花瘴草物皆春”切实反映了贵州斯威顿耕作经济。

以竹枝词为证，清代的箐苗、九名九姓苗、尖顶苗、雅雀苗、高坡苗等最先从事“刀耕火种”。余上泗《蛮峒竹枝词》载“冲炎锄土最高峰，雨汗如珠色倍浓”；清末刘韫良《牂牁苗族杂咏》载“山田垦向最高峰，野火烧山烈焰烘”，这是关于“黑苗”耕作经济；易梧冈《黔苗竹枝词》载“居依山箐好清高，迁徙无常又太劳；未学耕田善锄地，买锄不买剃头刀”，“箐”指原始森林，“箐苗”是对生活于森林大山中的西南少数民族的称呼。毛贵铭在《西垣黔苗竹枝词》载“男苗都上老山巅，只种山粮不种田；女苗饱吃胡麻饭，织得麻衣过雪天”。作者注中指明“居依山箐，不善耕，惟种山粮，以麻子为食，衣皆用麻”。此处“山粮”指小麦、荞麦、高粱、红薯等，普遍种植麻类，纺织麻布、麻衣。毛贵铭《西垣黔苗竹枝词》载“仲冬初一早过年，尖顶苗家忙下田；男男女女女荷锄去，半晴半雨好春天”，作者注尖顶苗“夫妇耦耕力作”，此处“耦耕”指用人力挖土，不用牛耕。贵州“刀耕火种”一直延续到民国后期，有曾敬孚竹枝词“下江遍地草森森，一火焚烧便可耕；或种棉花或种稻，两三年后又生荆”为证。

（四）种植农耕经济文化

贵州清代改土归流后，在地势低平和交通通达汉化区域均曾从事男耕女织，自给自足的生活。毛贵铭在《西垣黔苗竹枝词》载“男善耕，女工织”，余上泗《蛮峒竹枝词》载“岩间自古好楼居，屋角开门苇户稀；妇女惯操机杼事，云山四壁挂梨锄”。嘉庆初，朱凤翔在竹枝词云“不会撑舟不打鱼，农家生计在梨锄”，描述了侗族地区以水稻生产为主。

贵州各民族除了农业生产种植粮食外，兼并种植经济作物。清代思南府、镇远府、都匀府、遵义府、兴义府有了专门种棉地域，毛贵铭在《西垣黔苗竹枝词》载："檠瓠新年祭一遭，祖宗留饭与儿曹；棉花如雪苗娘喜，市上今年布价高。"同时经营经济林，平翰《播州竹枝词》载"家家门外种青冈、户户虔拜马头娘，大姑络丝小姑理、蚕事忙于农事忙"，描述了播州种植青冈养殖山蚕；朱凤翔在《黎阳竹枝词》载"云外青山山上花，山花深处是侬家；栽出茶花白于雪，不随春景斗芳华"。张敏文《思塘杂咏》"荒地种蜡裕生涯，万本冬青雪作花；直与压油虫子异，益州名物要搜爬"咏思州种植白蜡虫。

林粮兼营经济文化有证，李世钧《苗俗杂咏》载"一区隙地一林烟，闲有新开薄薄田；多种菅麻多种秫，资生何必不尧田"；朱凤翔在《黎阳竹枝词》载"十年树木计如何，不种平田利更多；鸭嘴丁男争荷去；青杉影里认青螺"。描述了以贩木为生的侗族经济生计；毛贵铭在《西垣黔苗竹枝词》载"蒙头红布耳环明，种树满山田懒耕；清江树价不昂贵，买树同年呼一声"。

（五）农业工商经济文化

竹枝词里面呈现了少数民族纺织业的发展情况，如"养蚕织锦为衣"的阳洞罗汉苗，"工纺织，其布最精密"的谷蔺苗，"勤纺织，尤善染"的高坡苗，织造"武侯锦"的水西苗，"剪羊毛，织布为衣"的里民子。

山货土特产贸易有张国华咏贵阳府竹枝词"棉贩湖南盐贩川，锡来西粤米来滇"；手工贸易大方漆器"格漆班班样不同，银栟漆上十分红；工求精致非淫巧，商向东西南北通"；贩茶有余上泗《蛮峒竹枝词》载"白头巾破白衣颓，扶岸攀罗过水限；草屋山腰童下指，呼爷牵犬背茶回"。舒位《黔苗竹枝词》载"红泥坡下白罗罗，下姓相逢唤阿和；一带青山横着黛；春风吹遍采茶歌"。毛贵铭《西垣黔苗竹枝词》载"慕役司前芦笙吹，水西寨里舞蛮姬；无端嫁作阿和妇，茶贩年年轻别离"。

可见，贵州的各民族在与自然界作斗争的过程中，不仅成功地改造、利用自然环境和各种资源，获得生活所需的各种资料，而且还创造了绚丽多彩的农耕文化。贵州各民族在开发贵州的历史上，讲求对环境的适应，在实际生产中他们因地制宜，宜耕则耕、宜猎则猎、宜牧则牧，使得贵州现今仍留存了多种农耕类型。这些不同的农耕类型是人们在改造自然、适应自然过程中的一种选择。

乌江流域农耕文化

农耕文化，是指由农民在长期农业生产中形成的一种风俗文化，服务于农业生产和农民生活。

贵州农耕文化渗透于其他文化之中，如许多民族的节日活动、生活习俗、婚礼丧仪、宗教仪式都包含了农耕生活内容，农耕文化已与节日文化、建筑文化、婚俗文化、宗教文化等各种文化形式相互交融，形成了贵州独特的少数民族文化，而正是由于诸文化交汇而产生的文化互动，推动着贵州农耕文化的不断发展。

彭金山教授在《农耕文化的内涵及现代农业之意义》中提出，农耕文化的内涵可以概括为“应时、取宜、守则、和谐”八个字。应时，体现了前人对自然规律的尊重。取宜，反映出人们在生产活动中的能动作用。守则，是人们道德观、价值观的一种体现。和谐，应时、取宜、守则，归结到一点，就是天、地、人之间的和谐。

应时：顺应天时，是我们祖先几千年来恪守的准则，在原始农业时期，农业生产力水平很低，我们的祖先基本上都是“靠天吃饭”，不仅如此，不知四时，失之国基，封建帝王执政都要依时而动，这样才能证明其统治的合法性。应时。农业生产，本就是一种根据节气、物候、气象等条件而进行的一种具有强烈季节性特征的劳作活动，其时间观念是很强的。俗话说：“耽误一节，损失一年。”因此，顺天应时是几千年来人们恪守的准则，“不违农时”是世代农民心中的“圣经”。“夫稼为之者人也，生之者地也，养之者天也”；“是故得时之稼兴，失时之稼约”。

取宜：宜即适宜，适合。我国古人很注重种植的地域性，种植庄稼要因地制宜，同样饲养牲畜也要因物制宜。根据不同的土地状况种植不同的作物，这样才能保证农业的丰收。应时，主要是对“天”而言的，取宜则主要是对“地”来说的。种植庄稼要因地制宜，畜养畜禽要因物制宜。取宜是夺取农业丰收的重要措施。因地制宜，是根据土地的肥瘠、干湿、地势及向阳背阴等不同情况，种植不同特性的作物；根据农作物生长的需要，选种、施肥、除草、灌溉，轮休、倒茬、间作、复种。总之，是采取种种措施和办法，给作物生长以“宜”，以“宜”促丰收。从《吕氏春秋·任地》中记载的“人肥必以泽，使苗间而地隙；人耨必以旱，使地肥而土缓”，到建国后的“农业八字宪法”，无一不是取宜的体现。

守则：即准则、规范，也可宽泛地理解为秩序、规矩。农耕文化的准则是人与自然的和谐相处，是人与自然长期互动形成的实践原则，现代农业使用化学药物，农耕机械，对土地掠夺式开发，导致人与自然之间原始的原则失衡。“天地人，万物之本也。天生之，地养之，人成之。天生之以孝悌，地养之以衣食，人成之以礼乐。三者相为手足，合以成体，不可一无也”。

和谐：是天、地、人之间建立的一种和谐共生的关系，这是农耕文化的核心理念。《周易》认为，人应当“与天地合其德，与日月合其明，与四时和其序，与鬼神何其吉凶。先天而弗违，后天而奉天时”。农业社会是以农为本的，而农是以土地为存在条件的，自然要与天地建立和谐的关系。和谐观是中国传统文化的宝贵遗产，也是中华民族几千年世代相传的核心理念。党中央关于构建和谐社会的号召得到了全国各界的拥护，正说明和谐思想顺乎民意，合乎国情，顺应了历史前进的方向。

长期以来，山川的纵横交错，气候的复杂多变，使乌江流域的人民一直处于封闭的自给自足的自然经济状态中。正是这种封闭的自然经济，客观上为乌江流域地区的农耕文化的积淀与传承创造了有利的条件。同时各民族大杂居小聚居的分布格局以及与内地联系的日趋加强，也促使了乌江流域地区农耕文化在继承传播中的冲撞和变异。

农耕是人类为了生存、繁衍和发展，在认识客观物质世界的基础上，谋取生活资料来源的最基本的生产方式，是人与自然和社会关系的综合表现。综观乌江流域农耕文化历史，始终是在特定的自然生态和社会生态的动与静之中，和谐而有序地发展变化着，除了物质层面文化诸如农耕工具、农业品种等文化现象之外，还集合了儒释道文化及各民族宗教文化、风俗习惯为一体的精神层面，由此形成了乌江流域地区多元、多彩，且具有较强兼容性、开放性、延续性的地域农耕文化特征。

（一）“小农”经济

第一，生产经营单位规模小。正如《劳动歌》写道：“山外原无地，刀耕农当锸，火种野无烟。灌溉难为力，荣枯只问天，传闻春夏日，此岁雨绵绵。”乌江流域耕地狭小，环境封闭，加之地质灾难，如水土流失，致使土层浅薄，肥力下降，基岩裸露，石漠化面积扩大，使得人均耕地面积不大，人们只得在极为狭小、分散的小块土地上从事种植业生产。所以，在乌江流域农耕史上，以“溪峒”（所谓溪峒，从地理上看，是指一些相互隔绝的小区域，在万山丛中，人们以“坝子”为中心形成聚落，彼此间隔着道道山梁和溪流，方圆数里或数十里不等，自成一个小天地。从经济上看，由于地形复杂，气候多样，动植物呈垂直分布，所以在一个小区域内，大体可以“自给自足”）为代表，“靠山吃山，靠水吃水”的自然经济居于主体地位，分散、隔绝的山地特征十分明显。人们耕地以自食，纺织以自衣，伐木以建屋，劈竹以制器……构成“小国寡民”的经济基础。

第二，生产工具原始。生产工具是衡量生产力发展水平的重要标尺，经历了从粗陋到完备，从简单到复杂的历史过程。从原始社会到奴隶社会，乌江流域农耕文化从使用天然石块，再到对石料经过选择，进行打制和磨制，经历了漫长的历史岁月。夏商周时期，虽然私有制已经出现，但乌江流域地区的人们还主要靠集体耕作，使用的农具，绝大部分仍然是木制和石制工具，仅有少量青铜农具。直到秦汉时期，才开始出现铁器农具的使用和牛耕技术。西汉时期，由汉武帝时搜粟都尉赵过发明的开沟与播种同时进行的专用播种农具“耧车”，亦在乌江流域夜郎地区得到了应用。三国、两晋和南北朝时期用于农业灌溉的翻车，用于谷物加工的水碓、水磨，隋唐时期创造的新灌溉工具“筒车”，用于水田耕的“曲辕犁”等农业生产工具在乌江流域地区已基本成熟和定型。之后，宋、元、明、清直到民国，乌江流域地区的农耕工具少有突破和发展。在建国之后实行农村集体化时期，乌江流域部分地区曾出现过短暂的如拖拉机、收割机等农业小型机械化时代。时至今日，在大部分偏僻的农村，其生产仍主要依赖人力、畜力和耙子、锄头、铧犁等手工工具，水平似乎滞留在隋唐时期。

第三，农业生产经营方式散漫。“农夫早出暮入，耕稼树艺，多聚菽粟，此其分事也。妇人夙兴夜寐，纺绩积纴，多治麻丝葛绪捆布縿，此其分事也。”在乌江流域农业社会时代，日出而作、日落而息的男耕女织的自然经济在社会生产力中占着主导地位。以一家一户为生产基本单位的体力劳动是乌江流域地区长期以来农业生产的基本模式。各自为政、各行各法，散漫的经营方式是这一基本模式的特点。

生产规模小，工具简单原始和个体的散漫的生产方式，加之山川阻隔，交通不便，使得生活在乌江流域地区的农民对外面的世界知之甚少。以家庭为单位的生产方式和狭窄的视野，一方面造就了他们质朴、诚实、勤劳、勇敢的秉性，一方面又养成了他们不思进取、固守成规、僵化保守、自私自利、狭隘懦弱等思想局限。我们将这种思想局限所反映出来的社会心理和社会意识称之为小农民意识。小农民意识是乌江流域地区传统农业社会中典型的思想观念和行为方式，是中华民族传统道德和价值观的主要载体和表现形式。

（二）多元共存

从地域上看，乌江流域地区西接云南、北连巴蜀、东临荆湘、南毗岭南，使之“东、南、西、北四部分的区域差异十分明显，分别受荆楚文化、滇文化、岭南文化和巴蜀文化的影响”。封闭式和差异性的自然环境，影响着人们的生产以及生活方式，在农业生产方式、技术水平以及衣、食、住、行等日常生活方面显示出多元文化特征。按照经济文化类型的理论，在农耕经济文化类型之下，仍然能够清晰地划分出四个经济文化类型，即：山林刀耕火种型、山地耕猎型、山地耕牧型和具有山区梯田特色的丘陵稻作农耕型，从而表现出乌江流域地区包括农耕文化在内的差异性和多元性特点。

乌江流域地区文化具有典型的移民特征。历史上，各个民族因不同的原因从四面八方迁徙至此，带来了不同的文化。但由于山川阻隔，交通不便和破碎的地形，使生活在乌江流域各区域各民族文化虽然未能得到充分整合而形成了一个个相对独立的文化圈，使乌江流域地域文化“既多且奇，融而未合，分而未化”。然而山高谷深的地理环境，阻隔不了民族之间的相互对流，阻隔不了农业作物的迁徙与交融。一方面，产于乌江流域地区的稻谷、乌桕、油桐、茶叶、马匹等，通过驿道、水路的运输，改变了周边地区乃至中原地带的农商格局；另一方面，从中原、内地传入进来的玉米、红薯、棉花、洋芋、烟叶等也改变了乌江流域地区的农耕种植面貌。同时，各民族之间的互为穿插，特别是与汉族之间的杂错而居，加之封闭式的自然环境逐渐被打破并开放，使得各民族在农耕作业、技术水平、生活方式等在传承与延续的接触点上发生了诸多的变异，产生了“你中有我，我中有你”的农耕文化特点。正是这个原因，同其他文化现象一样，乌江流域地区的农耕文化在兼容、开放与延续性中得到了进步和发展。从这种意义上说，乌江流域地区的农耕文化的发展与各民族之间的交融有着剪不断的文脉关系。

（三）以农为本

生活在乌江流域地区的先民为了生存、繁衍，在认识自然与改造自然的过程中，发育和培植了具有乌江流域区域特点的农耕文化。这一文化最大的特征是就是以农为本，守则与和谐。如在服饰方面，尽管各民族的服饰千姿百态、色调多样，但从总的样式来看，其上衣和裤子都较为肥大，特别是袖口和裤口都较为宽松，以便于从事农耕生产；在村落选址方面，为了少占耕地，一般都建在视野开阔而土地见少的坡地上，依山势向上分台而筑，而把那些较为平坦的洼地、坝子、台地留着耕田种地之用，这反映了乌江流域地区山多地少的现实，又体现了乌江流域地区人民“以人为本”，节约用地以求生存和图发展的心理。在乌江流域乌蒙山回族地区，流传有“户户种良田，家家小而全”的谚语，就是这种“以农为本”思想的体现。在西北高原地带，那些横亘在山梁、山坡上的层层梯田，是乌江流域地区农耕文化中一道独特的风景，闪耀着乌江流域地区人民顺天顺地，接天地之气，与自然和谐发展的智慧与灵光。在一些不宜于农业耕作的高山草地，则用于放牧。蓝天白云、牛羊成群，落英缤纷、鸟唱虫鸣，充分体现了乌江流域地区人民守则与和谐自然生态的农耕文化思想。所有这些，无不反映了乌江流域地区的民族特质和民族风貌，亦从本质上体现了传统农耕社会里人民共同的价值取向。

综上所述，乌江流域地区在历史上是各民族交往的大走廊和结集地，从不同的地方和区域带来了各自不同的文化符号。乌江流域地区山高地广，地势险峻，山道崎岖，水道不畅的地理生境，使这些民族文化符号在“大杂居、小聚居”的生存环境下，使乌江地区的农耕文化既具有“山地文化”的小农经济特征，又具有分异融合、守则和谐的特点。

传统农耕文化助力乡村振兴

乡村振兴战略，是新时代“三农”工作的总抓手。乡村全面振兴，是这一战略的方向和目标。全面振兴体现在哪些方面？坚持乡村全面振兴，抓重点、补短板、强弱项，实现乡村产业振兴、人才振兴、文化振兴、生态振兴、组织振兴，推动农业全面升级、农村全面进步、农民全面发展。

乡村振兴，既要塑形，也要铸魂。没有乡村文化的高度自信，没有乡村文化的繁荣发展，就难以实现乡村振兴的伟大使命。实施乡村振兴战略，要物质文明和精神文明一起抓，既要发展产业、壮大经济，更要激活文化、提振精神，繁荣兴盛农村文化。要把乡村文化振兴贯穿于乡村振兴的各领域、全过程，为乡村振兴提供持续的精神动力。习近平指出：“要推动乡村文化振兴，加强农村思想道德建设和公共文化建设，以社会主义核心价值观为引领，深入挖掘优秀传统农耕文化蕴含的思想观念、人文精神、道德规范，培育挖掘乡土文化人才，弘扬主旋律和社会正气，培育文明乡风、良好家风、淳朴民风，改善农民精神风貌，提高乡村社会文明程度，焕发乡村文明新气象。”

那么，具体从哪些方面来阐释和解读中华优秀传统农耕文化呢？

（一）开拓进取，自强不息

漫长的历史发展中，我们的祖先从狩猎和采集社会步入农业社会，驯化选育动植物，生产食物以维持生计和繁衍后代。无论是在广袤肥沃的平原地带，抑或在荒凉贫瘠的河谷山沟，先民在感恩大自然慷慨馈赠的同时，也依靠自己的双手改变着山川大地的面貌。

马克思曾批评，旧的机械唯物主义只承认人是环境的产物，而忘记了环境正是由人来改变的，并指出“动物只生产自身，而人再生产整个自然界”。这种可敬可叹、可歌可泣的人类实践改造活动，也同步塑造着人的精神世界。

“天行健，君子以自强不息；地势坤，君子以厚德载物。”这是对农耕时代的中国人开拓进取、生生不息的气质品格最精练准确的概括。钱穆认为，所谓中国，其实是一个吸纳接受的形成过程，政治上的标准是接受以周礼为代表的一套政治秩序，经济上的标准就是变游牧为农耕。在此基础上，自强不息的奋斗精神是中华民族的共同价值取向和宝贵精神财富，也是中华优秀传统农耕文化的内核。

（二）道法自然，和谐共生

现代化的介入，产生了改造传统农业的要求。人类将自身的秩序加诸自然的秩序，开始了对自然的改造、规制和立法。现代商业中，利润导向和“大量生产—大量消费—大量废弃”模式进一步被植入农业领域、农业社会，让原本具有多种功能、提供多样化产品的农业在价值和功能上趋于单一。由此，现代农业在创造增长奇迹的同时，也产生了生态顽疾。

对于我们的祖先来说，自然界不是一个外在于我们、需要被征服的对象，而是一个需要掌握其原理、怀有敬畏之心并与之和谐相处的系统。道法自然、天地人和谐共生，这正是中国农耕文化的传统智慧，体现出对农业节令和时序的把握、顺应和利用。

（三）同舟共济，守望相助

一般来说，工业的逻辑是机械的逻辑，农业的逻辑则是生命的逻辑。英文中，农业是 agriculture，后缀 culture 是文化的意思，而 culture 的同根词 cultivate 又有栽培、耕耘的意思。换言之，农业是自带文化属性的、有温度的，需要用心去呵护与培植。

农业的劳动节奏较之工业更富于弹性，但农业的劳动绩效并不能立竿见影，需要耐心等待自然和时间来参与其中并发挥作用。“一分耕耘，一分收获”有时候只是一种美好的愿望，因为在生产和收获之间的漫长过程中，往往存在很多不确定性。这就是农业、农村、农民内在地要求协调与合作的原因。分散经营的个体农户，面对大自然的瞬息万变，实在太过渺小。由此，先民结成生产和生活的共同体，“出入相友、守望相助”。

无论是土地改革还是包产到户，直至当下农业新型经营主体培育，同舟共济、守望相助的村社伦理都是中华优秀传统农耕文化留给后人、始终发挥重要功能的一条宝贵经验。可以说，它也是新时代实现乡村振兴的重要原则和路径。

（四）孝友耕读，勤俭传家

父慈子孝、兄友弟恭，是儒家传统对理想家庭内部关系结构的描述。这一状态的达成，与农耕文化密不可分。一个重要原因是，古代教育水平较低，对农事活动规律认识的传承和把握高度依赖于经验的口耳相传，离不开长者的智慧和指导。

在此基础上，孝老爱亲、安土重迁、慎终追远，成为内嵌于传统农耕文化的道德基因。直至今日，城市人游走四方，心中追寻的依然是故土亲人，舌尖上思念的是家的味道。农耕文化的影响远远超越农村范围，深深植入当代人的生活境遇和文化环境之中，化为挥之不去的乡愁。

农耕文化绝不是“土得掉渣”，而蕴含着人生的大智慧。陶渊明“既耕亦已种，时还读我书”的诗句，曾国藩家族“有子孙有田园家风半读半耕，但以箕裘承祖泽”的楹联，都是在追求一种物质上的自食其力与精神上的充实完满，田园与都市、守耕与漫思相得益彰。

只有回看走过的路、比较别人的路、远眺前行的路，弄清楚我们从哪儿来、往哪儿去，很多问题才能看得深、把得准。回溯过往，我们为祖先创造的辉煌灿烂、如诗如画的农耕文化所震撼，为先民的智慧、睿思、创新、勤劳和伟大而自豪。汲取和传承中华优秀传统文化的厚重遗产和磅礴力量，在全面建成小康社会、实现乡村振兴和农业农村现代化的新征程上建功立业。

【拓展阅读】

桃花源诗

陶渊明

嬴氏乱天纪，贤者避其世。
黄绮[1]之商山，伊人亦云逝。
往迹浸复湮，来径遂芜废。
相命肆农耕，日入从所憩。
桑竹垂余荫，菽稷随时艺；
春蚕收长丝，秋熟靡王税。
荒路暧交通，鸡犬互鸣吠。
俎豆[2]犹古法，衣裳无新制。
童孺纵行歌，班白欢游诣。
草荣识节和[3]，木衰知风厉。
虽无纪历志，四时自成岁。
怡然有余乐，于何劳智慧？
奇踪隐五百，一朝敞神界。
淳薄既异源，旋复还幽蔽。
借问游方士[4]，焉测尘嚣外。
愿言蹑清风，高举寻吾契。

【注释】

[1] 黄绮：汉初商山四皓中之夏黄公、绮里季的合称。此指商山四皓。

[2] 俎豆：俎和豆。古代祭祀、宴飨时盛食物用的两种礼器。亦泛指各种礼器。

[3] 节和：节令和顺。

［4］游方士：游于方外之士。尘嚣：世间的纷扰、喧嚣。

【阅读提要】

陶渊明（约365年—427年），字元亮，又一说名潜，字渊明，号五柳先生，私谥“靖节”，东晋末期南朝刘宋初期文学家。汉族，东晋浔阳柴桑人（今江西九江）。曾做过几年小官，后辞官回家，从此隐居，田园生活是陶渊明诗的主要题材，相关作品有《饮酒》《归园田居》《桃花源记》《五柳先生传》《归去来兮辞》等。

此诗作于陶渊明晚年，约为南朝刘宋永初三年（422）的作品。永初二年（421），刘裕采取阴谋手段，用毒酒杀害晋恭帝。陶渊明借创作来抒写情怀，塑造了一个与污浊黑暗社会相对立的美好境界，以寄托政治理想与美好情趣。《桃花源诗》就是在这样的背景下创作的。陶渊明写桃花源，用了散文与诗两种文体。《桃花源记》主要是描写渔人出入桃花源的经过和在桃花源中的所见所闻；《桃花源诗》是以诗人的口吻讲述桃花源人民生活的和平、安宁。《桃花源诗》内容丰富，对于了解陶渊明描写桃花源的意图和生活理想很有帮助。

【推荐阅读】

［1］石争，刘凤翔主编：《贵州现代经济史》，贵阳：贵州人民出版社，1994年。

［2］刘学洙，史继忠：《历史的理性思维——大视角看贵州十八题》，贵阳：贵州教育出版社，2004年。

［3］袁行霈，陈进玉主编：《中国地域文化通览（贵州卷）》，北京：中华书局，2014年。

［4］郭艳红：《黔风贵韵——黔贵文化特色与形态》，北京：现代出版社，2015年。

［5］赵雨：《上古歌诗的文化视野》，北京：社会科学文献出版社，2005年。

［6］《贵州六百年经济史》编辑委员会：《贵州六百年经济史》，贵阳：贵州人民出版社，1998年。

［7］骆世明，陈聿华，严斧：《农业生态学》，长沙：湖南科学技术出版社，1987年。

[8] 史继忠：《贵州民族地区开发史专论》，昆明：云南大学出版社，1992年。

【思考题】

1. 请思辨以下观点，并且给予阐释：农耕文化的生存观是过去、现在和未来的辩证和相对思维的思考？形成的思想是包容与和谐？产生的理论是命运共同体和一带一路？

2. 乌江农耕文化现实价值意义在哪里？

3. 结合乡村扶贫和乡村振兴现实背景，完成“农耕文化振兴助推乡村文明建设”小论文。

第八讲　传统匠道　时代匠魂

【学习目标】

通过课堂学习和课外拓展阅读，全面了解古代手工艺的发展情况，把握工匠精益求精的精神，增强刻苦学习的积极性。

【学习重点】

深刻理解新时代工匠精神的内涵发展，把握初心不忘、纯心不变、忠心不改与匠心不朽的辩证关系。

【学习难点】

正确理解历史上工匠群体社会地位较低的多重原因以及区分向工匠言、代工匠言、为工匠言、让工匠言的视角转换。

【学习例文】

苗刀（节选）

张　澍

苗人制刀必经数十煅，故铦锐无比。其试刀，尝于路旁，伺水牛过，一挥，牛首落地，其牛尚行十许步才仆。盖犀利之极，牛猝未觉也。为之赞曰："剑能斩马，镞工殪[1]虎。遁水蛮刀，剸[2]牛委土。"

【注释】

［1］殪：杀死。

［2］剸：用刀刺。

【译文】

苗人制作宝刀必须经过千锤百炼，因此锋利无比。试刀时，站在路边，等水牛经过，挥刀一斩，牛头落地，但是牛身仍然向前走，十多步后才倒地不起。锋利至极，牛都感受不到被斩断头部。为之赞叹："剑能斩断马，箭能射死虎。遁水的蛮刀，可以斩牛而使之倒地不起。"

【文化解读】

本文节选自张澍撰嘉庆《续黔书》。

潘光旦先生梳理了我国历史上工匠群体社会地位的变迁，勾画了从"国有六职，百工与居一焉"到"君子不器"，再到"目前对于理工的狂热的鼓吹"的变化轨迹。历史上，工匠群体曾经历了社会地位由高转低的过程。早期，人们认为"百工之事，皆圣人之作也"，工匠享有与其他职业平等之地位，也可以成为圣贤的一员。但是，随着"形而上者谓之道，形而下者谓之器"所代表的重道轻器思想日益稳固，工匠群体逐渐被贬入尘埃。

在我国早期历史中，工匠的地位得到了充分肯定，认为"百工之事，皆圣人之作也"。《考工记》中的这一论述是总结性的判语，史书记载也有与此相印证的地方。有巢氏造屋居人，燧人氏人工取火，神农氏亲尝百草，皆因在百工之事方面有成就而被尊为圣贤。但是，随着社会变迁，中华民族的文化取向很快就发生了转变，对人工技巧一类心存歧视，重道轻器成为一大文化传统。"士农工商"四民，士居首，工居下流，甚而随着士商一体局面的形成，工沦落为社会末流。在长达两千年的时段内，工都被视为贱业。可是，近代以来，因着西方列强坚船利炮的欺侮，国人终于意识到理工知识的重要，开始重视器用之学。随着工业化建国浪潮的涌起，普及理工知识被列为国家的重大战略之一，各大学纷纷设立理工学院，"君子不器"成为落伍的思想观念，自然科学得到了社会精英的充分肯定。

然则，理工知识得到重视并不意味着工匠人才的社会地位得到了实质性的提升，“劳心者治人，劳力者治于人”的历史惯性仍在发挥影响力。潘光旦先生曾用一个事例点出了“重视理工”这一社会背景下工匠人才的困境：某学校未装设电灯，负该项职责的工匠不在，不得已寻求电工专业的老师帮忙，但是这些老师都不屑于从事匠者的工作。由此可见，重视的是工业知识而不是具体从事技术职业的工匠。工匠仍未得到上流社会的认可，即“士贵工贱”的局面没有根本转变。优秀的工匠要获得较高的社会地位，唯有脱离工匠的行列，挤进士的行列，做劳心的人，不做劳力的人。

新中国的建立，促使工匠在政治上获得了解放；改革开放之后，经济进一步繁荣，工匠在经济上也脱离了窘困，甚至出现民工的工资收入高于部分大学毕业生的现象。然而，工匠群体的职业认同感并未得到有效提升，仍把从事工匠职业视为人生的无奈。虽然工匠群体在社会经济中的作用日益重要，但是全社会给予工匠群体的职业尊重仍然有待加强。工匠群体的社会地位不高，致使其对自身的职业贡献认知不够，对未来的职业前景认识不清，以致人们选择工匠作为职业的积极性并不高。青年大学生则深受“君子不器”传统思想的影响，宁可在家待业也不愿从事工匠职业。

古代中国技术进步缓慢，工业发展滞后，长期停留在农业国的生产力水平上，未能转型为工业国，原因即在于“重道轻器”“贵士贱工”。那么，何以工会被视为低贱之职业？原来，在大众的认知中，只具备某一种具体的技能意味着缺乏广阔的视野，容易只见树木不见森林，不识大体，知识体系不健全，终要被知识精英歧视。如此，工匠的声名便坠落了。名不彰，则位不高。其次，只具备某一种具体的技能还意味着匠人的发展局限于某一特定领域，缺少调动社会资源的能力，获利微薄，难以承担家庭责任，且在以收入高低反映个人价值高低的社会观念下，不足以体现个人价值，终要被能力强的精英摒弃。工匠群体中的精英之才纷纷流失，日积月累之后，工匠的社会地位也就江河日下。如若不能改善工匠的社会地位，则我国工业化建设将倍加艰难。正如潘光旦先生所言：“改正制度与转移风气最有效的一条路是教育。”即办好工业教育是改变工匠地位的根本途径，是建设工业国的基础。

特色匠艺：传统手工艺中的匠心

有很多坚守工匠精神的手艺人，土家族刻纸工艺传承人张著权先生便是一个典型。张著权先生是贵州省铜仁市思南县塘头镇人。张老先生自幼跟随父母学习刻纸技术，经过数十年的积淀，练就了精湛的刻纸技术。

2000年以前，张老先生曾开办过广告、装修公司，且经营相当成功。后因割舍不下对刻纸技术的深厚情感，有感于发扬传统手工艺对文化遗产保护的重要性，毅然放弃成功经营的企业，重新投入刻纸工艺的创作中，在自己的家乡思南塘头镇开办了一家土家刻纸工艺工作室。

因市场环境的变化，工作室的运营一度困难重重，但张老先生秉着将刻纸工艺发扬光大的初心，在低迷的市场条件下坚持至今。凭着精湛的手艺，张著权先生如今已成为黔东土家族刻纸传统技艺传承的主要代表。

在张著权老先生的长期努力下，黔东土家族刻纸工艺得到更好的发展，形成了以传统土家族“婚喜文化”为基础、风格多样的“张氏刻纸”品牌。“张氏刻纸”广受欢迎，代表作品被中国剪纸博物馆、贵州民族博物馆等文博机构收藏，还被电视台等媒体报道，足以见证张老先生在刻纸工艺方面的造诣。

张老先生对传统文化的情怀，对精湛技艺的执着追求，直至收获巨大的成就，深刻诠释了“不积跬步无以至千里，不积小流无以成江海”的道理。张著权先生是一位有情怀的匠人，是一个“养匠心、修匠德、明匠道、铸匠魂”的工匠精神典范。

铜仁还有一个远近闻名的手工艺品。铜仁市玉屏侗族自治县盛产一种传统竹管乐器，世人多称之为“玉屏箫笛”，又因箫笛多雕刻了精美的龙凤图案，也被冠名为“龙箫凤笛”。玉屏箫笛之所以能享誉世界，在于严格的选材和精湛的制作技艺。必须精选当地特有的一种水竹，经过考究的工序，才能最终制成合格的玉屏箫笛。考究的制作工序是世世代代箫笛匠人对工艺水平不懈追求的结晶。

玉屏箫笛又名平箫玉笛，是“平箫”及“玉笛”的合称。平箫玉笛创始人是清代郑维藩，郑家以本地水竹制笛子，不缠丝，不上漆，只打白蜡，保留竹子本色。式样新颖别致，音色远胜南北各地所产竹笛，遂以家乡玉屏之“玉”为名，称“玉笛”。依郑氏所著《和声鸣盛》中的“音律图说”理论，将箫笛配对，合称“平箫玉笛”。

玉屏箫笛自十六世纪晚期郑氏创制起，便被列为皇室贡品。人们常将之作为知音、朋友、恋人之间表达情意的珍品。平箫玉笛传承至今，已有400多年发展历史。何以源远流长400余年不断绝？得益于箫笛匠人对箫笛品质精益求精的坚持，才能够在不断变化的市场环境中创新制作工艺，以迎合不同时代的市场需求。据箫笛制作师傅介绍，看似普通的一支箫笛，需经历取材、制坯、雕刻、成品4个工艺流程，每个流程均采用纯手工制作。从伐竹到制出成品，制萧共有24道工序，制笛共有38道工序。为了提升箫笛外观的美感，还需额外雕刻各式各样的精美图案。

如今的玉屏箫笛主要产自于玉屏箫笛厂，该厂始建于1955年，是中国四大民族乐器生产定点厂家之一，为玉屏箫笛工艺的传承作出了卓越的贡献。郑辉蒸厂长为革新箫笛制作工艺，提升箫笛的品质，找到了制作箫笛的老艺人，对箫笛的制作工序达成了共识。中国乐器研究所于20世纪60年代初出台了中国竹管乐器制作标准，老一辈艺人们根据玉屏箫笛数百年传承下来的制作经验，在国家标准的基础上，制定出玉屏第一套箫笛生产质量标准。玉屏箫笛厂的发展过程，承载了当代玉屏箫笛生产工艺的技术革新历程。在一代代箫笛匠人的努力下，其工艺水准亦蜚声国际，玉屏箫笛产业不断扩大，产品远销海外。二十世纪初，玉屏箫笛先后在英国、美国的国际工艺品展览会上分获银奖、金奖，成为我国最早获国际大奖的民族民间乐器。1979年以来，玉屏箫笛接连荣获省优、部优、国优等奖项。1990年，玉屏凭借悠长的箫笛制作历史，被当时的文化部评为“中国箫笛之乡”。2006年，玉屏箫笛制作工艺被列为国家首批非物质文化遗产，玉屏箫笛与茅台酒、大方漆合称为“贵州三宝”。这些荣誉既体现了玉屏箫笛在贵州手工艺界的地位，也是对其品质的肯定。玉屏箫笛凝聚了无数箫笛手艺人精益求精、追求卓越的工匠精神。玉屏因箫笛而美誉远扬，箫笛因匠人而焕发光芒。玉屏箫笛作为具有悠久历史的手工艺品，未来仍需箫笛手艺传承人继续坚守工匠精神，将传统手工艺发扬光大。

工匠精神历史上长期未得到彰显的原因

在我国古代，民分为士农工商四等，工居第三等，常被称为“贱工”。工即工匠，工的地位低贱，工匠精神自然也就难以彰显。过去，常把工匠群体社会地位不高的原因归结为该群体没有跻身上流社会。“在以前，在国家的教育制度里，选才政策里，文献的积累里，工是一种不入流品的东西，惟其不入流品，所以工的地位才江河日下。”如此说来，贱工是缘于工未入流品，其实不然，农亦未入流品却贵为国本。工未入流品是贱工的结果而非原因。事实上，曾有工以匠技入官且贵为尚书的现象，但是这并不能改变贱工的大局面。那么，工何以卑贱，工匠何以被边缘化？

透过一个实例可略知工贱匠卑的实质。同样是绘画，有些被称为大师之作，浑然天成；有些则被鄙为匠才之作，矫揉造作，匠气迎面。同样从事绘画，若被称为画家、画师，则觉高贵；若被称为画匠、画工则觉卑贱。可见，技能本身并没有尊卑贵贱之分，是否脱离了日常生活世界才是尊卑贵贱的标准，换言之，是否体悟了世界、人生的真谛才是尊卑贵贱的分界线。《易经》中以“形而上者谓之道，形而下者谓之器”把道与器的高下之别进行了严格的划分。由此可知，工贱匠卑源自哲学思想上的一个传统：重道轻器。

在中国历史的早期，工匠亦曾有较高的地位。“国有六职，百工与居一焉……百工之事，皆圣人之作也。”随着重道轻器思想传统的形成，工匠的社会地位便日趋卑贱。上者道，下者器，善用器的工匠被贬入了下等。由于重道轻器思想传统的作用，古贤君子纷纷证明匠器为末技。韩非子把工匠与“以文乱法”的儒、“以武犯禁”的侠等并列，视为国之“五蠹”；荀子说“工商众则国贫”，把工匠与商人视为形成贪婪风气的祸首；管子也说“菽粟不足，末生不禁，民必有饥饿之色”，认为农业为本，工商为末，不禁止工商等职业，容易造成社会饥荒；《淮南子》中也有言“工多技则穷”。因此，德能之士皆弃匠亲道，重道轻器。从重道轻器又衍生出另一个传统：君子不器。君子不器这个思想观念被确立起来之后，工匠精神被边缘化的脚步并未停止。孟子更进一步，提出“劳心者治人，劳力者治于人”的贤愚分界线。心能体道，力能用器。劳心者体道治人为君子，劳力者昧于道治于人为庶民。由“君子不器”进而“器不君子”，即一个人只要从事工匠类职业则没有资格进入君子行列，匠者成长为社会精英的机会便被剥夺。

以上所论，可以作如下理解：工匠因丧失了思想理论领域的话语权，无法使自身精神的价值彰显出来，进而无法获得优越的社会地位。工匠丧失了思想理论的话语权和较高的社会地位后，自然衍生的一个结果就是：丧失社会资源的调配权利。由此，工匠被禁锢在了社会的底层，工匠精神得不到彰显，工贱匠卑的局面长期未能扭转。

未能获取社会资源的调配权利对工匠群体产生了深远的消极影响，这种影响可从工匠群体与商贾群体的命运分化中得到证明。历史上，匠商的命运相类，士尊匠卑，重农抑商，四民之中贵士农而贱工商。然则，商贾的命运逐渐发生了逆转。首先，明末时期商贾受到抑制的局面出现了转机。“王阳明否定了‘荣宦游而耻工贾’的传统价值观念，对商人的价值给予了充分肯定，反映了明代商人地位的提高。”新安富商汪道昆更是发出“良贾何负闳儒”的豪言。士商合流成为明末一大社会趋势。但是这一时期肯定的是经商对于承担家庭责任的重要作用，即认为经商有助于完成儒学的齐家理想。其次，清末时期商贾社会贡献被漠视的惯性得到扭转。三千年未有之大变局使清末的中国面临救亡图存的危机，“实业救国”这一思潮逐渐呈现在国人面前。人们开始肯定商贾集团在治国平天下过程中的重要作用。商贾完成了从贱民到齐家再到治国平天下的转变，而工匠的社会地位则未曾出现类似的转变历程。同被视为贱民的商贾与工匠的命运之所以产生分化，在于商贾通过掌握物资流通这一资源调配权利而逐步彰显自身的社会作用，工匠则连自身创造的有益于社会发展的成果都被权势集团掠夺。

继徐杲之后知名的工师冯巧，在技术上负责修建明宫廷陵寝，很有贡献。可是“三大殿”工程落成后，在一片喧嚣的升赏声中，他却连一点点赏赐物品都没有得到，更不要说被提拔重用了。

由上可知，工匠不是因为对社会缺乏贡献而不受关注，工匠精神不是因为缺乏价值而被边缘化。时至今日，虽然人们对工匠精神的深度理解仍有更进一步的必要，但是工匠精神的价值已被人们所发现。

传统工匠精神的现代性缺失

过去一段时间，我们尝试用工匠精神以提升工匠群体的职业认同和职业自觉，但是效果并不显著。原因在于人们对工匠精神的理解大多限于“精益求精”这一单向度层面。对工匠精神的传统解读缺乏现代性维度，难以使新时代青年产生思想共鸣。人们选择工匠作为职业的积极性不高，其原因牵涉诸多方面，是各种因素综合作用的结果。仅就思想文化方面而言，工匠群体职业认同感不强与工匠精神内涵建构的不科学有密切关联。科学建构工匠精神的内涵能有效提升工匠群体的自我职业认同和社会美誉度。

一般而言，人们对工匠精神内涵的传统理解可以用“精益求精”一词来概括，认为具有工匠精神的职业人要对自己的产品精雕细琢，只有使产品近于完美，才能给用户满意的使用体验。实际上，中国历史上并不缺乏工匠精神，精益求精是各行各业的普遍要求。大部分传统手工艺品的生产一直坚持精益求精的工匠精神标准。所以说，精益求精的工匠精神传统在中国从未断绝。既然工匠精神传统从未断绝，那何以如今要提倡弘扬工匠精神？那是因为，改革开放后的一段时间内，受到市场经济大潮的阶段性影响，在某些行业确实淡化了精益求精的要求，出现了工匠精神在生产过程中缺位的现象。

为何在一些行业中会出现工匠精神缺失的现象？这与我国经济发展的阶段性特征密切相关。改革开放之前，我国在工业领域面临的主要问题不是产品质量不合格，而是产品数量和产品类型无法满足国民经济进一步发展的需求。所以，改革开放后的很长一段时期内，“速度为王”“广告制胜”“价格争霸”成为工业生产领域的生存法则，企业首要思考的问题是：如何快速推出新产品抢占市场，如何快速增加产品数量满足市场需求，如何以更低的成本与更低的价格打败对手。在这样的市场环境下，坚持精益求精的传统工匠精神将难以在市场经济大潮中生存，因为，当历经千难万险做出精品时，这个精品已经被新型产品淘汰了。精雕细琢敌不过“一招鲜”。只有精益求精这一重内涵的传统工匠精神无法适应我国的经济发展形势。

因为无法适应时代新要求，一段时间以来，传统工匠精神受到人们的隐性抵制和潜在质疑，即：不认可精益求精，却又不愿意承认这一立场。总的来看，隐性抵制和潜在质疑缘于传统工匠精神没有解决两个难题：第一，没有直面工匠群体在市场经济中的生存难题；第二，没有打破“形而上者谓之道，形而下者谓之器”的文化观念定势。没有解决好以上两大难题，造成传统工匠精神在内涵上缺乏现代性，致使传统工匠精神与现代化工业体系难以兼容，大多数从事工匠职业的人没有把工匠精神当做人生的指引。

但是，随着我国从制造业大国向制造业强国迈进，工业生产已经发展到一个新的阶段，产业升级要求由规模化转向精细化，消费升级要求投向市场的产品由能用转向好用。现在已经到了重拾工匠精神的时候。企业只有重拾工匠精神，才能培育更好的产业工人，才能更好地赢得客户。然而，重拾工匠精神不能等同于简单地呼唤精益求精，而应全面重塑工匠精神，赋予其新时代内涵，建构富含现代性的新时代工匠精神。

新时代工匠精神的现代性建构

工匠精神长期被漠视，但并不能就此判断工匠精神没有价值。上古时期，工匠曾是尊贵的职业，《考工记》中把工匠列为国之六职，认为“百工之事，皆圣人之作也”。随着重道轻器观念的确立，“君子不器”成为社会精英歧视工匠的口头禅，工匠沦落社会底层，工匠精神的价值未能得到发掘。因为数次技术革命的快速推进，工匠对社会经济发展的重要作用得到彰显，工匠精神在德国、美国、日本等国均得以弘扬。我国在参与技术革命的过程中，也再次发现工匠的职业贡献和社会价值。

而今，党和国家倡导在全社会弘扬工匠精神，这就要求我们重新审视工匠精神的内涵，要对工匠精神做新的解读，要赋予工匠精神新时代元素，完成新时代工匠精神的现代性建构。

新时代工匠精神与传统工匠精神最根本的区别在于以何者为中心。传统工匠精神以雇主为中心，把工匠视为雇员，要求工匠在生产过程中精益求精。新时代工匠精神应坚持以工匠为中心的原则，精益求精是工匠实现人生价值和成就自我的理念追求之一。以工匠为中心是建构新时代工匠精神现代性的核心要件。

具体而言，坚持以工匠为中心，完成新时代工匠精神的现代性建构，需要回答传统工匠精神未能解决的两个难题。如果工匠精神不能指导工匠在技术迭代更新中把握住人生方向，不能让生产流水线上的工匠在重复性劳动中看见人生价值，就不可能使工匠群体增强职业认同和提高职业自觉。“一辈子做一件事，一件事做一辈子”这样的典型只是工匠精神的呈现形式之一，并不是工匠精神的根本内涵。儒家将人分为士农工商，赋予士人“修身齐家治国平天下”的人生使命；其实，工人一样有“修身齐家治国平天下”的理想需求。马斯洛列出了五个层次的需求：生理、安全、社交、尊重和自我实现，工匠群体在职业生涯中也有满足这五个层次需求的强烈渴望。所以，新时代工匠精神要充分阐释以下理论命题：成为一名优秀匠人要保持一颗什么样的新时代匠心，怎样保持一颗新时代匠心；作为一名优秀匠人如何以技立身、以技报国、以技修德、以技体道。

新时代匠心的内涵可以包括三个层面：为民的初心、敬业的纯心、报国的忠心。新时代匠人在择业之初，当怀抱改进技术以便利人民生活的初心，立志开辟一条在以技立身的过程中实现造福人民初衷的人生道路，为职业生涯提供源源不竭的前进动力；从业之时，当秉持专心致志的态度，在技术上新益求新，在工艺上精益求精，不为名利所动，不为浮华所迷，保持纯粹的职业信念和坚强的职业定力；抉择之际，当时时以国家发展为念，处处以国家利益为先，与祖国同向而行，不脱队，不掉队，用报效祖国的忠诚获取崇高荣誉，用奉献热血的激情赢取职业成就。唯有初心不忘、纯心不变、忠心不改，才能匠心不朽，才能打破“形而上者谓之道，形而下者谓之器”的文化观念定势。

用新时代工匠精神锤炼新时代匠心，用新时代匠心培育优秀的新时代匠人，用新时代匠人的模范事迹和典型功绩感动社会，营造人人尊重工匠、人人愿做工匠的社会氛围。在此基础上，根据时代的进步和工匠自身的实践认知不断更新新时代工匠精神的具体内容，使新时代工匠精神永葆生命力。

现代企业需要的已不仅仅是能熟练掌握技能的人才，而是能不断创新技能且具备职业情操的现代工匠。所以，如何在工匠群体中培育新时代工匠精神成为我国当前工业发展面临的紧迫任务。

培育新时代工匠精神，锤炼优秀的新时代匠人，要处理好向工匠言、为工匠言、代工匠言和让工匠言的关系。所谓向工匠言，是指以真理在我的心态向工匠说教。虽然这种说教包含着部分合理的成分，但更多的内容则是脱离实际的教条。所谓为工匠言，即面向工匠以外的群体讲述工匠精神的内涵和价值，但这种讲述奠基于自我的理解，相关内容不一定能被工匠所认同。所谓代工匠言，是指在完全理解工匠的立场、处境和要求之后，代表工匠群体发声，忠实地传达工匠的心声。这种方式较好地反映了工匠群体的实际，但是容易消解新时代工匠精神的鲜活性，丢失工匠群体的语言特色。所谓让工匠言，是指搭建好平台后让优秀的新时代匠人充分发言，讲述工匠群体的心路历程和职业体会，鲜活展示匠人的风采和工匠精神的社会价值。这种方式最能有效提升工匠群体的社会地位和发挥工匠精神的感染力。所以，在培育新时代工匠精神的过程中，最忌“向工匠言”的说教习惯，应充分发挥“让工匠言”的突出优势，灵活使用“为工匠言”“代工匠言”两种方式，扬长避短，使新时代工匠精神的价值得到全面而集中的呈现，使新时代匠人的精神风貌大放光华。

作为新时代匠人，具体应从养心、养性、养气、养神、养颜等方面锤炼自身的工匠精神。首先，新时代匠人要善养匠心，摒除杂思杂念。心思纯明才能在漫漫人生路上把握住方向，找准努力的目标。其次，新时代匠人要勤于养性，打好坚实的基础。心无旁骛则能性灵纯净，性灵纯净才能达到化腐朽为神奇的境界。新时代匠人养性时既要养慧性，更要养德性。没有慧性则拙，没有德性则莠，德慧兼备方显新时代匠人本色。再次，新时代匠人要精于养气，夯实根本。一要养生气，即生命的活气，旺盛的生命力；二要养正气，即浩然之气，敬畏正义。生气充盈，正气凛然，助力工匠精神落地生根。然后，新时代匠人要常养神，保持精神振奋，用攻坚克难的昂扬斗志激励自己。萎靡不振，自由散漫不是新时代匠人应有的精神面貌。最后，新时代匠人要敢于养颜，养匠人自信之颜，不惧以新时代匠人的身份示人。新时代匠人并非要视时尚之美颜为洪水猛兽，只是不应把养颜的目标局限于时尚美颜，要有展示匠人积极向上形象的自觉。

时代呼唤工匠精神，新时代匠人要勇担历史责任，以新时代工匠精神武装自己，把人生理想融进国家建设的大潮，发光发热，为中华民族伟大复兴多作贡献，无愧于大国工匠的荣光。

【拓展阅读】

凯里铅（节选）

田　雯

清平凯里香炉山之阳有穴焉，深可二三丈，再深则倍之。于是，躐[1]其壂[2]，勘其牗，捶其堑，而后影见焉。或仰以升，或俯以缒。佝偻焉，首与膝并也。籧篨[3]焉，足与尻张也。又虏[4]土之崩也，木庋揞[5]之；穴之迷也，松肪照之。而后，铅获焉。其质铅，其状石也。于是，舂之连机之碓，淘之麦冲之河，炙之栗林之炭，镕之洪冶之炉，庶几其成矣。凡蛊毒之中人，浸之，磨之，取其汁而饮之，功与蘘荷[6]叶等。余故为黔人传之。

【注释】

[1] 躐：跨过。

[2] 壂：基墙。

[3] 籧篨：竹席。

[4] 虏：获得，遇到。

[5] 揞：支撑。

[6] 蘘荷：开淡黄色花的荷。

【阅读提要】

本文选自《黔书》中的“凯里铅”条目。《黔书》的作者是田雯。田雯于清代康熙年间任职贵州巡抚。在任期间，田雯为了弥补前人著作的不足，主要是没有充分梳理“治之得失，民之休戚”，于是编写了《黔书》。《黔书》篇幅远不及郭子章所著《黔记》，但是《黔书》自成一家，不求“纵贯一方之旧闻”，而是抓住特点分目叙述。《黔书》编成于清康熙二十九年（1690），有嘉庆、光绪等刻本。

【推荐阅读】

[1] 后藤俊夫：《工匠精神——日本家族企业的长寿基因》，王保林，周晓娜译，北京：中国人民大学出版社，2018年。

[2] 亚力克·福奇：《工匠精神——缔造伟大传奇的重要力量》，陈劲译，杭州：浙江人民出版社，2014年。

[3] 工业和信息化部工业文化发展中心：《工匠精神——中国制造品质革命之魂》，北京：人民出版社，2016年。

[4] 鸿智博：《带着工匠精神去工作》，北京：企业管理出版社，2016年。

[5] 陈浩：《工匠精神——学习型员工进阶手册》，北京：中华工商联合出版社，2016年。

[6] 惠新：《工匠精神——精英员工的行为准则》，北京：中国商业出版社，2017年。

[7] 付守永：《工匠精神——向价值型员工进化》，北京：中华工商联合出版社，2013年。

[8] 伊焕斌：《工匠精神与人才培养的供给侧结构性改革研究》，北京：人民出版社，2018年。

【思考题】

1. 如何理解历史上工匠群体社会地位不高的原因？
2. 传统的工匠精神在内涵上有何不足？
3. 如何构建新时代工匠精神的丰富内涵？

丹砂文化篇

第九讲　烈烈丹雄　洌洌丹魂

【学习目标】

通过课堂的讲解和学习，让学生对中华丹砂文化的形成、发展、基本内涵，以及对武陵山区丹砂开采的历史和文化特征有深刻的认识和了解，进而培养学生对贵州本土文化的学习兴趣，增强文化自信和凝聚力。此外，通过对《大木丹砂辨》的解读，让学生对明代丹砂开采的基本情况有所认识，体会明代丹砂开采的艰辛和民众的苦难，进而培养学生人文精神。

【学习重点】

通过课堂学习和课外拓展阅读，对武陵山区丹砂文化的基本内涵、历史地位和重要意义有比较深刻的认识和了解。

【学习难点】

一方面，武陵山区丹砂文化博大精深，体系庞杂，学习中难免挂一漏万；另一方面，由于丹砂文化中凝聚着不同历史时期人们对丹砂属性的认识和理解，其中原始宗教色彩非常浓郁，教学中必须正确引导。

【学习例文】

大木丹砂辨

万士英

客问于予曰："铜虽僻壤，而天地清淑，钟而为人，泄而为物，济济彬彬，纷纷郁郁。人无暇论，试以物评。高山峻岭，生巨木焉，饱烟霞，饫[1]雨露，干青霄，蔽白日。匠石者过而奇之，取以贡天府、充梁栋，岂不诚美材哉？况万山之阴，产丹砂，如箭镞，可以供耳目之清玩，资仙家之服食，固刘安之所需而葛洪所欲得者也。夫西蜀多巨材，勾漏产丹砂，未有若铜之兼有者也。”

予曰：“唯唯否否。若子所言，是以耳食[2]而声吠[3]者也。铜旧多山，山故有木，苗实据之，与民无预也。况庚戌之役，各苗狼狈，潜伏崖壑，我兵追捕，无高不登，无远不入，始之斧斤，继之烈焰，其有存者，百不一二。况不通水路，山径崎岖，即拱把之材，尚难转徙，矧[4]度以十寻、絜[5]以百围者，能自致于水滨哉？人徒见嘉靖之末、万历之初，两经取木而铜俱勉焉竣事，遂以木为铜产也。岂知上竭公帑[6]、下悉膏脂，转买川湖，以希结局。民剥肤以应役，官茧足以骏奔，上下俱疲，不但民亦劳止而已。昔少司空方塘潘公、司空郎三河方公，洞瞩情实，具疏请蠲[7]。今案牍具在，仁人君子倘翻阅而请行之，其有造于铜，奚直浮屠七级也？然此人犹易见也。至于丹砂，则又有不忍言者。穴石为坑，蛇形以入，远者十余里，近者数百步。槌凿烟焰，时有倾压之虞、熏灼之苦。商十九罄，百入一生，轻性命于鸿毛，得锱铢为至宝。然身未出峒而收买之使入门矣，砂未进宅而追呼之胥叩户矣。获之甚艰，售之甚易，得不偿失，计不谋身。需者如求珠合浦，采者如捕蛇永州。以为甘敲朴[8]之苦，犹甚流离，薄所售之值，得完租税耳。近者地利已竭，砂脉难寻，终岁经年，不获颗粒，真者既不可得，而伪者丛兴，守土有司甚至以此获咎者。夫天地生财，以利民用，而今且为民疠[9]。吾民方病郡之有此苦也，而吾子顾艳谭之。贡于上方，无当玉帛之用；藏之阛阓[10]，只充玩好之供。吾子之计左而言失也，亦已甚矣。恐有道君子所不欲闻也。”

客矍然起，谢曰：“郡城苦此物，而不佞所闻诚谬也，敢不敬谢！”

【注释】

[1] 饫：饱食。

[2] 耳食：道听途说。

[3] 声吠：人云亦云。

[4] 矧：况且。

[5] 絜：周长。

[6] 公帑：公款。

［7］蠲：免除。

［8］敲朴：敲打。

［9］疠：恶疮；癞疮。

［10］阛阓：民间。

【译文】

客人以询问的方式对我说："铜仁虽然偏远，但钟灵毓秀，内蕴而体现在人才，外显则体现在物产，人才济济，物产丰富。人才方面说不完，姑且评说一下物产。崇山峻岭生参天大树，烟霞孕育，雨露滋润，直冲云霄，遮天蔽日。大国工匠路过而大感惊奇，采伐之后进贡朝廷，充作国家栋梁，岂不是充分发挥了良材的作用。况且，万山的山间盛产丹砂，形如箭镞，可以用来赏心悦目，也可以供修仙之人炼丹服食。这正是刘安所需要，葛洪所想要的东西。西蜀地区盛产乔木，勾漏山盛产丹砂，都不如铜仁兼而有之。"

我说："别人说啥就是啥。你刚才所言，完全就是道听途说，人云亦云。铜仁山多，确实盛产木材，但多为苗人占据，与普通百姓无关。何况庚戌之战后，苗人困顿疲惫，都躲藏到高崖深谷中。官兵追捕，登高山，察边远，开山辟路，先是刀劈斧砍，继而放火焚烧，留存的良材寥寥无几。况且水路不通，山路不平，即使用来制作拱把件的细短木材都很难转运出来，更不用说又长又粗的巨木。难道良材巨木会自己滚到水边吗？人们只看到嘉靖末和万历初两次伐取良材巨木时，铜仁全力以赴地完成了任务，就以为铜仁仍有大量的良材巨木。岂不知铜仁是上则搬空官府库房，下则掏空百姓腰包，辗转湖南采买，勉强完成任务。百姓剥皮削骨，官员磨烂脚掌。上上下下都疲惫不堪，不仅仅是百姓辛劳不堪。之前，少司空潘方塘和司空郎方三河洞察实情，上书朝廷，请求免除铜仁的任务。如今奏章都还在，诸君如果翻看一下，并继续执行，这对于铜仁实在是大恩大德，胜造七级浮屠。这都只是大家容易看到的问题。至于丹砂带来的问题，更加严重。破石挖山，像蛇一样爬进洞里，远的深达十多里，近的也有数百步。用铁器凿，用柴堆烧。时常有塌洞的危险和烟熏的苦闷。商户破产的十之八九，入洞采砂而生还的寥寥无几。把生命视若鸿毛，把采到的一点点丹砂当作至宝。然而，身体还没出洞口，差吏就推门催收；丹砂还没进家门，胥隶就登堂追索。丹砂采时难得，卖时难留，所获不抵付出，所得不能谋生。索求的人以为就像合浦珍珠一样易得，采挖的人才知道就像永州毒蛇一样难捕。惩罚之苦，远比流离失所更痛彻心扉，卖砂所得仅够交税而已。如今矿源已经枯竭，矿脉难觅踪迹。年复一年，未有所获。既然真丹砂采不到，假丹砂就开始滥竽充数。地方官员有因为假丹砂而受罚的。天地万物，本来是用来利民的，如今却是成了害民的。本地百姓正为丹砂问题而苦恼，你却在这夸夸其谈。进贡朝廷，不像玉帛一样能当财富；留藏民间，仅仅当作玩物丧志的物什。你的想法是错的，你的言论更是错得离谱。恐怕有见识的人是不愿意听的。”

客人惊讶地站起身，客气地说：“本地为丹砂受苦了，我所听到的太荒谬了，非常抱歉！”

【文化解读】

本文选自《万历铜仁府志》。

丹砂作为一种应用广泛的珍贵矿产，千百年来沉淀了各族人民的智慧成果，形成了丰富的文化形态。围绕形态多样的丹砂文化，医学界、科技界、宗教界、史学界的专家作了深入的探究。诸如容志毅教授分析了丹砂与道教信仰的关系，李国荣教授分析了丹砂与帝王政治的关系，张觉人教授分析了丹砂与药物研制的关系，胡安徽教授分析了丹砂与人文地理的关系，张颖博士分析了丹砂与少数民族的关系。现有的丹砂文化研究成果多限于丹砂文化的某一种形态，深耕有余，但较少从整体上考察丹砂文化的内涵，没有把丹砂文化的各种形态整合在一个体系之中。本文将在前人研究成果的基础之上对丹砂文化的内涵做整体性建构，以便全面认识丹砂文化的丰富内容，系统发掘丹砂文化的社会价值。

丹砂文化与万山丹砂的特殊地位

中华民族使用丹砂的历史非常久远，在医药、书画、宗教信仰三方面应用最多，赋予了丹砂深厚的底蕴，形成了多层次、多形态的丹砂文化。中医药典籍中把丹砂列为一项虽有毒性，但能有效泻心火、安心神的矿物药。围绕如何抑制毒性、提高药效，历代名医苦心钻研，对丹砂进行精细研究，在中医文化中培育出丹药文化这一分支，人们更是把一切效用显著的中药称为灵丹、神丹。“丹”成为“中药”的代表。

丹砂有时被用作药材，有时则被用作颜料。丹砂以其易于加工又不易褪色的特性，早在原始社会便被人们当作颜料在陶器上绘制图案。后世把丹青作为书画的别称，“丹青”中的“丹”指的就是用丹砂为原料制作的红色颜料，诸如印泥和红墨。因丹砂色泽艳丽显目，又经久不褪色，久而久之形成一个用墨传统：日常书写用黑墨，重要文档用红墨。春秋战国时期，诸侯之间的盟书用丹砂书写；封建王朝时期，君主赐予功臣的丹书铁券也是用丹砂书写；明清时期，皇帝批示奏折也是用丹砂调制的红墨写朱批。书画界也形成了使用丹砂的独特传统。文人作画喜欢淡雅韵味，以水墨熏染画纸，对色彩的绚烂追求集中到红色的印痕。水墨画中一抹丹色，精气神方得齐备。另外，书画中有一独特的科类：朱砂画。朱砂画中最常见的是朱钟馗和丹竹。最初，朱钟馗画像常于岁首贴在门楣，用来镇宅辟邪，后来在端午时节也会悬挂于堂屋。丹竹则用于祝寿祈福。可见，丹砂被赋予了神性。

因为这种神性特质，丹砂也被广泛应用于宗教信仰之中。诸如，匠师用丹砂作为颜料绘成敦煌莫高窟中的佛教壁画，道教中则把丹砂作为炼制长生丹的主要材料。道教炼制外丹的传统盛行千年，并在炼制过程中逐步发掘出丹砂的药性，促进了丹砂在医学中的应用。宋以来，丹砂的神性被进一步发挥，逐渐扬弃了丹砂外在的实物形式，以丹砂的神性内涵为核心形成了独具特色的内丹文化传统。

因为丹砂有如此多的应用，故而丹砂这种产量不大的矿物成为紧俏而珍贵的物产，丹砂开采成为重要的产业。武陵地区是我国丹砂主产区，生活在这方热土的各族人民围绕丹砂产业创造了灿烂的文化。首先，丹砂与武陵地区的历史发展息息相关，关联着该地区许多重要的历史人物和历史事件。秦汉之际，武陵地区发生了一件重大事情，秦始皇礼遇巴寡妇清，为之筑了一座“女怀清台”。在当时，武陵地区尚属偏僻之处，而身处男权社会的巴寡妇清又是一介女流，之所以能够“礼抗万乘，名显天下”，全在于其家族世代独占丹砂贸易之利。明永乐年间，朱棣罢免思南宣慰使与思州宣慰使，以辖地建省，分设铜仁、思南、镇远、乌罗、思州、石阡、新化、黎平八府。贵州建省缘起于田氏土司的两支为争夺丹砂矿山而常年仇杀，危害一方社会秩序。中央王朝为加强对该地区的掌控，也为了获取丹砂的直接开采权，强力推行改土归流。丹砂成为牵动地方政治进程的一条有力绳索。历史上，武陵地区丹砂的开发还深刻影响了族群间关系。各族群为了争夺丹砂的开采权和贸易控制权，时有纷争。最初，丹砂产业由仡佬族所开创，故而张颖博士把仡佬族称为“丹族”。而后，丹砂之利被土司群体借助较强的军政势力纳入掌中。随着改土归流的逐步完成，从事丹砂贩运的外省客商借助较雄厚的财力分润了丹砂之利的大部分，并定居当地，成为一地望族。由此可知，丹砂是武陵地区历史的承载物。同时，丹砂还是武陵地区各族人民品格的象征物。采掘丹砂是非常艰苦的一项工作，需要有百折不挠的坚毅品质才能把丹砂从山体深处开采出来。由于长期从事丹砂开采，武陵地区各族人民练成了克服困难、建设家园的良好能力，形成了坚韧不拔、纯净无瑕的优秀品格。各族人民把这些优秀的品格映射到丹砂上，使人们看到晶莹剔透的丹砂便能想见武陵人民开创历史的伟大功绩。

辰砂之名甲天下，武陵地区是我国最为重要的丹砂产地。万山集武陵奇美，汇天地灵秀，赫赫然为人间一大汞都。宋代庆元年间，沅州通判朱辅在《蛮溪从笑》中记：辰锦砂最良，颗块佳者为箭镞砂，出万山之崖为最。天下丹砂看辰砂，辰砂之最是箭砂，箭砂之王在万山。万山人民围绕丹砂创造了丰富的文化内容，万山在丹砂文化体系中居重要地位，是盛放丹砂文化这颗璀璨明珠最合适的锦匣。

在武陵地区所有丹砂产地中，万山身兼文化遗迹保留地和工业遗址展示地两重身份，是唯一的“汞矿特区”，独得“丹砂之城”桂冠。丹砂相关的各种文化遗产在万山富集，得到集中展示。丹砂文化虽非万山所独有，然万山执丹砂文化牛首之地位则无可替代。因为万山的丹砂，思州宣慰司和思南宣慰司被裁撤，贵州正式建省。丹砂成为改变一省政治进程的重要推手，这是万山独占的功绩。清末，西方列强侵夺我国矿权，万山的丹砂也被野心家觊觎。虽经云贵总督和总理衙门的严词厉拒，最终在助纣为虐的上海道员陈明远的谋划下，用移花接木的诡计骗取了开采权，设立英法水银公司掠夺丹砂资源。为了收回丹砂的开采权，万山人民联合开明士绅发起了数次抗争运动，迫使英法水银公司停产撤离，交还矿权。保护矿权的胜利使万山丹砂呈现出绚烂的爱国光辉。之后，围绕着丹砂的开采，万山人民一方面要与各种压迫势力作坚决斗争，另一方面又在国家危难的时刻坚持生产救国。反侵略与反阶级压迫相交织，万山人民复杂的历史使命凝结在一颗颗丹砂之中。新中国成立后，万山丹砂这一珍贵资源终于完全掌握在人民手中，丹砂成为支援国家建设的重要物产。传统的丹砂文化与红色文化相结合，并完美地融为一体。周恩来总理把用万山丹砂炼制的水银盛赞为“爱国汞”，点出了丹砂文化的深刻内涵之一：丹心报国。随着丹砂矿产资源趋于枯竭，贵州汞矿停产关闭，万山人民面临新的考验。丹砂开采结束了，但是万山的丹砂文化并未消亡。面对转型的阵痛，万山人民感念百代丹雄，熏染千年丹魂，畅想万世丹梦，以丹砂的高洁观照自我，坚持为远大梦想而奋斗。丹砂文化精神充盈在万山的河岳间，融化在万山人民的血液里。综上所述，以典型性而言，万山丹砂文化不逊色于别处；以特色而言，万山丹砂文化最为鲜明；相较其他地方，万山是丹砂文化的集大成者。

事实上，丹砂文化经过长时期的发展演变，形成了一个文化生态环：中国传统观念崇尚阴阳和合，而丹砂既是性寒镇邪之物，又可以变成热毒害命之物，成为阴阳和合观念的最佳表征物；作为阴阳和合观念表征物的丹砂被广泛应用于医药、书画等领域，并逐渐突出丹砂的物质属性；人们在使用丹砂的过程中又体悟到，唯有锤炼好自身的德性才能更好地把握住丹砂的物性，故而把内圣外王的国民品格映射到丹砂中，丹砂成为品格的象征物。从精神到物质，再重回到精神，这就是丹砂文化生态环。丹砂文化并非孤立存在，其与政治、经济、信仰、民族等关联紧密，在丹砂文化生态环的外层排布了起啮合作用的齿牙。万山正是安放了这样一个丹砂文化生态齿轮环的地方。万山的其他文化形态纷纷与丹砂文化生态环啮合在一起，各种文化要素共生共存，构建起万山文化生态系统，并在丹砂文化的带动下良性循环。以万山之内而言，万山丹砂文化不是孤立存在的；以万山之外而言，万山丹砂文化也不是孤立存在的。武陵地区出产丹砂之地甚多，渝南彭水、黔北务川、湘西辰溪等地丹砂都极负盛名，黔东万山只是其中之一。万山丹砂文化与彭水、务川、辰溪等地的丹砂文化环环相连，共同构成了武陵地区丹砂文化生态圈。从空间来看，万山丹砂文化是武陵丹砂文化生态圈的一环；从时间来看，万山丹砂文化是中国丹砂文化生态链的一环。中国丹砂的开采经历了敲凿开采、火爆开采、机械开采三个阶段，丹砂的应用则经历了信仰、医药、书画等传统应用和现代工业应用两个阶段，分别形成了独具特色的丹砂文化形态。万山丹砂文化正是扣在中国丹砂文化生态链中由古代向现代转型的那一环。可见，万山丹砂文化处在一个有序运转的文化生态之中。这一文化生态呈现出根系繁杂、层级叠加的特征，既不限于一地，也不限于一时，由此，虽然万山丹砂文化有系统的文化生态运转机制，人们却难以形成对万山丹砂文化的系统认知。

盛产丹砂的武陵地区之社会历史处处可见丹砂的深刻影响力。作为“丹砂之城”的万山既是武陵地区丹砂文化生态圈的一环，又是中国丹砂文化生态链的一环；既涵括了丹砂文化经历史沉淀的传统内容，也具有其他地方所没有的特色。因此，观察万山丹砂文化不能限于一个层面，也不能限于一种视角。

另外，随着丹砂矿产资源逐渐枯竭，万山成为一座资源枯竭型城市，人民生活陷入贫困。扶贫成为万山无法回避的历史性任务。政策、资金与人才是万山消除贫困不可或缺的资源，可是，从自身挖掘潜力也是万山实现从输血式扶贫转向造血式扶贫的必由之路。丰富的丹砂矿支撑了万山过去的繁荣，而在开采和使用丹砂的过程中形成的多彩文化是万山的另一座富矿，足以支撑未来长久的繁荣。

全面开发丹砂文化，以文化扶贫的方式解决贫困问题是万山紧跟铜仁绿色发展脚步，建设黔东生态文明家园的战略选项之一。开发丹砂文化，需先对丹砂文化的内容进行整理，对丹砂文化的内涵进行解读，使丹砂文化从原生态向再生态、新生态转型，以便与万山发展中的社会情势相适应。原生态的丹砂文化一方面呈现出丰富的形式，另一方面则显得散乱无章，不成系统；一方面呈现出积极的正能量色彩，另一方面则混杂了无益于时代的旧糟粕。重构丹砂文化的内涵就是一方面剔除糟粕，另一方面建立体系。观察丹砂文化的内涵可以从哲学、历史、民俗三重视域展开，阐释丹砂文化的哲学内蕴，梳理丹砂与黔东人民的历史关系，解读各种围绕丹砂形成的民俗活动的文化内涵，进而科学建构体系化的丹砂文化内涵。丰富的丹砂文化可以为万山的快速发展提供锐意创新的思想资源，坚毅自强的精神资源，团结奋进的情感资源，成为万山人民用之不竭，常用常新的致富资源。

砂与汞：丹砂文化的三重观察视域

丹砂文化是万山最宝贵的财富。但是，原生形态的丹砂文化根系繁杂、层级叠加，致使人们难以对其形成系统而简约的认知。由此，丹砂文化的呈现趋于碎片化，欣赏丹砂文化时的感受也趋于碎片化。另外，万山虽然执丹砂文化之牛首，仍是丹砂文化生态圈与生态链中的一部分。丹砂文化散布于不同的领域、地域、时域，难以在某一特定的时间点浓缩于万山以便人们欣赏。为了使丹砂文化的魅力得到更好的展示，需要把其从流光溢彩的原生形态改造成适应新形势的再生形态、新生形态。因此，有必要在不丧失丹砂文化本真魅力的前提下，从多维视阈对其进行细致观察，并在此基础上重构内涵。

虽然丹砂文化根系繁杂、层级叠加，但是可从哲学、历史、习俗三重视域切入，进而梳理出清晰的脉络，绘制出体系化的认知图谱。

首先，从哲学视域来看，丹砂文化的内涵包括两个层面：一个是本体论哲学层面，一个是人生哲学层面。中国古人认为世界由阴阳和合而成。李时珍在《本草纲目》中指出，丹砂“禀离火之气而成，体阳而性阴”；外显红色，被视为阳火之表征；烧炼之后成水银，水银被赋予阴水之性。丹砂外显红色，却似阳而实阴，“性寒而无毒，入火则热而有毒，能杀人”；性寒时能疗疾，性热时则夺命。疗疾的是丹砂，夺命的也是丹砂，性阴而含阳。化阴阳于一身，集寒热于一体，中国古人认为透过丹砂能够窥探造物的神秘，掌握化腐朽为神奇的规律，把丹砂当作阴阳和合观念的表征物。信奉天人合一的中国古人把阴阳和合理论从对自然的认知转入对人的认知，一方面认为人的肉体生命是阴阳和合的结果，另一方面主张人要超脱肉体的局限，获得生命的永恒，必须化阴为阳。道教把超越了凡俗生命的人称为“仙人”，成为“仙人”的途径就是通过服食外丹、修炼内丹来打造至阳至刚的生命体。之所以要用丹砂炼成金丹，是因为丹砂化阴阳于一身，并非至阳之性，需要通过火炼，使丹砂变成水银，再由水银变成金丹。经过火炼，丹砂的阴寒之性被消除，成为至阳之性的金丹。外丹、内丹与“仙”相结合，形成了历史悠久的“丹仙文化”。儒家把道德高尚、超凡脱俗的人称为“圣人”，常用“丹心”来指代“圣人”之心，诸如“人生自古谁无死，留取丹心照汗青”。拳拳赤心，烈烈丹魂，丹心在怀便是超脱了凡俗的生命。丹砂成为高贵品格的象征物。中国医药使用丹砂的历史十分久远，甚至用灵丹、神丹、仙丹来指称一切有良效的药物。丹药文化成为丹砂文化中非常重要的组成部分。而丹药文化的根基就是丹砂文化的两重哲学内涵。丹药文化的内容可用“丹神济生，丹道济世”来概括。丹神济生指的是医生医术高明，能用灵丹妙药起死回生；丹道济世指的是医生医德高尚，能葆仁心义胆救死扶伤。中医讲究药材的炮制和配伍，目的就是为了使药材之性达至阴阳和合以便对症治疗。然而，能熟练调和药性的人还不能算是真正懂医道的神医。唯有济生无邪念，济世无私欲，超凡脱俗，道德高尚，才能算是体味到了丹道救死扶伤真义的丹神。可见，丹砂在社会生活中的应用，常常源于人们对其本体论哲学和人生哲学内涵的体悟。

其次，从历史视阈来看，丹砂文化包含了丹砂恋、丹砂烈、丹砂红三重内涵：各族人民逐丹而生，演绎的诸多传奇故事蕴藏着对这片涵养丹心之土的深深眷恋，这便是丹砂恋；各族英雄围绕丹砂各展智勇，风云际会之间雄姿英发、豪情万丈，这便是丹砂烈；各族人民在党的领导下，红胆无畏，努力创造丹砂工作新成就，续写丹都辉煌，谱写丹城新史，这便是丹砂红。古往今来，盐丹之路上奔忙着挑砂的丹夫，穿梭着载砂的丹船，多少质朴的人民因砂结缘、以砂传情。丹溪水轻流，说不尽女子的情柔；丹峡鸟欢鸣，唱不尽汉子的情浓；丹崖云飞扬，写不尽赤子的情重。丹砂缘缔结丹砂情，丹砂情转为丹砂恋，人们把对丹心热土的眷念拟化为一场倾世绝恋，叠加在“女怀清台”上，不断演化“丹砂女王”巴寡妇清的传奇故事。口耳相传的故事与《史记》的载录融为一体，对乡土的眷恋与丹砂儿女的爱恋藏于一心，不断被讲述的历史与不断被演绎的传说化成同一份文化自信。“丹砂女王”虽早已逝去，但是香消情不负，一曲丹歌传千古。讲述的事不再是史书明文记载的事，但传达的情一直是丹砂儿女真切的情，口述史中藏着历史的隐喻，藏着割舍不了的乡土情。恋中有悲欢，烈中有沉浮。一部丹砂的开发史也是一部英雄的成长史。田氏家族统军远征，屯戍思州，坐享万山丹砂矿场，位列黔中豪富之雄，受封土司世家，威名数百年不易。终因砂坑之争，衅起万山，祸起萧墙。明王朝发雷霆之怒，执田宗鼎叔侄赴京论罪，田氏两支皆由此破家败族。得万山之砂长盛，失万山之砂速衰。曾几何时，猎猎丹旗遍黔中，镇关津，护百姓，铁血丹雄英姿勃发。一旦心中无民，汲汲于获利，英雄气概荡然无存，骨肉兄弟祸起萧墙。可见，心中有民，则丹砂为宝；心中无民，则丹砂成劫。是宝是劫，是福是祸，俱在能否参透丹砂的烈性，能否悟透丹砂为民的本质。从一己之私看丹砂，滴滴是血；从家国大义看丹砂，颗颗是心。丹砂硐虽幽暗，若心怀大义，却也是一处绝好的英雄冢；若心怀不轨，则不过是一抔矿渣埋枯骨的去处。丹砂烈终不若丹砂红，人民才是真英雄。民国末期，官匪沆瀣一气，丹城风满楼，百姓吁呼向天求。幸而人民解放军入黔东，英雄的党和英雄的人民以血为墨，丹墨写春秋，写出丹野血染的抗争豪情，写出丹霞映天的革命浪漫，写就一篇为人民幸福和民族解放而奋斗的丹心谱。而丹砂与人民的完全结合，直至革命胜利之际、新中国成立之时才全面实现。从此，英雄的血没白流，丹砂的红更耀目。丹砂文化与红色文化交相辉映，映着天际的一抹朝阳红。

最后，从民俗视域来看，丹砂文化与巫俗、丧俗、喜俗皆有关联，相互结合成丰富多样而又独特的文化形态。丹砂文化自古便与巫俗密不可分，早在夏商周时期便以“涂朱甲骨”的方式呈现。所谓“涂朱甲骨”，是指巫师在占卜仪式中，把丹砂涂在写满卜辞的甲骨上。“涂朱甲骨”的文化意蕴在后世的“朱笔画符”中得到延续。所谓“朱笔画符”，是指傩坛师、端公、神婆等民间巫师用丹砂制墨，然后以笔沾墨在纸上画红色神符。“涂朱甲骨”与“朱笔画符”都是希望借助丹砂的通灵功能来实现魂与神通的目的，进而保证巫术仪式的效果。实际上，丹砂在巫俗中的运用，大多与“涂朱甲骨”“朱笔画符”一样，源于丹砂的御魂通灵、役神驱鬼、镇恶辟邪功能，即丹砂的神性。而丹砂与丧俗的结合，亦自古流传，龙山文化遗址、二里头商代遗址、妇好墓、成都金沙遗址等考古发现和吴王阖闾、齐桓公和齐景公墓葬、秦始皇墓葬等相关文献记载都显示出在墓葬中大量使用丹砂的传统。丹砂在墓葬中的应用主要有三种形式：一是直接把丹砂研磨成粉，铺撒在墓室中，即“丹粉镇墓”；二是用丹砂制成颜料，涂抹墓室内壁，或者在墓室中绘制壁画，即“丹漆涂壁”；三是把丹砂制成水银，“倾水银为池”，或“以水银为百川江河大海，相机灌输”，即“水银灌墓”。在丧俗中使用丹砂，多从其三种功用出发，其一为防腐防潮，其二为涂画装饰，其三为镇恶辟邪。葛志毅在《论丹砂在古代社会生活中的文化意义与巴寡妇清其人》一文中指出，“从新石器时代直至战国秦汉墓葬的防腐措施中，较多使用朱砂”，大多采用“倾水银为池”的方法，杀菌防腐，又兼具汞毒伤命防盗墓的效用。而墓室壁画则是充分发挥了丹砂色彩绚丽且久不褪色的功能，同时也是利用了丹砂蕴涵阳气可镇墓辟邪的特性。从东汉末年开始，丹砂镇墓的传统虽未黜弃，却有较大改革，直接铺撒丹粉的做法转变为以丹砂描红镇墓文。镇墓文是指铭刻或书写在石板、陶罐、瓷瓶等器物上的解殃文辞。著名金石学家、中国考古学奠基人罗振玉指出，镇墓文多用丹砂书写，或用丹砂把刻字描红，以此增强镇墓文的神圣性。历经演变，还形成了一种与丹砂文化相结合的独特丧俗：红棺葬，即丹漆刷棺以葬福寿耆老。相传，古有曹状元，于皇帝问询其家世门第时，为免父母失颜面、伤尊严，便以机巧诗句对答，表面上为夸耀门庭，实则隐陈寒门家境。而皇帝误以为曹状元出身豪富之家，恐其执掌权柄后借家势篡夺朝堂，借故冤杀，后查明真相，感其孝亲至诚之心，赐红棺葬。由此，红棺葬流传后世。传说不可稽考，丹葬确为乡俗。丹棺葬福老，有彰明逝者一生德行的用意，取丹砂高洁之性可观照拳拳赤子心的寓意。丹砂文化与喜俗相融会，亦传习久远。首先，全国多数地区认为朱红丹赤可辟邪，有婚庆时器物用红色的传统，充分营造福气充盈、喜庆洋溢的氛围。而在古代，丹砂是制作红色颜料的主要原材之一，也是镇恶辟邪的重要宝物之一。另外，相传古代女子有向新婚郎君展示守宫砂以表贞洁的习俗。所谓守宫砂，即先用丹砂喂养壁虎，然后把壁虎捣烂成红泥，再把红泥点在未婚女子臂上形成朱砂痣，与异性相合方消褪。因壁虎习惯生活在室内，又名守宫，故而这种朱砂痣被叫作守宫砂。守宫砂的传说当然不可信，但古人借守宫砂谕示爱情忠贞的良苦用心则有可取之处。

囿于时代局限，古人对丹砂的认知难以系统而科学、透彻而理性，不免失之偏颇和陷于迷信。挥散迷信的遮蔽，丹砂的使用皆基于其科学特性，诸如易于蒸发、久不褪色、有效防腐；丹砂文化的流变皆根植于其哲学内涵，诸如阴阳合一、人丹合一；而丹砂文化的哲学内涵又得自丹砂的科学特性，阴阳合一不过是“丹砂可变汞，汞可成丹砂”的哲学表达，“阴与阳的变幻”本质上就是“砂与汞的转化”，进而由“阴与阳的变幻”衍生出“丹与心的和合”及“人与丹的映照”。抓住丹砂的科学特性，立住唯物主义的基本立场，条分缕析，剥丝抽茧，就能从纷繁复杂中精准把握丹砂文化。

内涵建构：丹砂文化的五重特性

由前文可知，丹砂文化经历了从精神到物质再到精神的形态转换，内蕴着从“砂与汞的转化”到“阴与阳的变幻”再到“丹与心的和合”及“人与丹的映照”的形态转换逻辑。因此，简而言之，可从慧性、灵性、药性、德性、情性等五个方面建构丹砂文化的内涵。

首先，丹砂文化是具有丰富智慧内涵的文化。中国先贤认为天地万物都是阴阳运化而成的，然而，万物多是或秉阴性或秉阳性，丹砂却独能集合阴阳二性于一身，彰显变化的力量。丹砂本是固状晶体，稍加烧炼便能转化成液态水银，常温下水银又极易挥发成汞蒸气，条件稍作调整后气态汞可恢复成液态水银，液态水银进行化合反应后重新变成固态丹砂，在三种物质形态之间变化自如。而且，三种形态的性质截然相反，或阴性，或阳性，或护命，或伤命。护命时是良药宝砂，却自我设限，不能用作他途；伤命时是毒物汞金，却用途多样，真是人间良材。良药仅仅是药，毒汞不仅是毒，孤阴不长，独阳不生，阴阳相互对立又相互依存还相互转化，阴阳同体而和合共生，世间没有绝对完美，辩证看待才能完全体味，这就是丹砂文化的智慧内涵，是其慧性的集中体现。中国哲学把阴阳和合当作智慧的最佳形态，用阴阳和合作为认识自然、认知自我和改造世界时衡量效果的重要标准。阴阳和合是朴素辩证法智慧的中国形态。若无长期的体悟锤炼和深厚的智慧积累，必不能掌握阴阳和合的变化之妙，也就不能得心应手地运用极具慧性的丹砂。一砂一世界，从丹砂体悟世界，从世界映照丹砂，从世界观的高度读懂丹砂文化，获得哲学智慧。所以，丹砂文化的第一重特性是慧性：体阳而性阴，阴阳必和合。

其次，丹砂文化是极重视正邪之辨的文化。古代中国，人们认为丹砂能御魂通灵、役神驱鬼、镇恶辟邪，因此，丹砂被广泛运用于信仰领域，“涂朱甲骨”“朱笔画符”“丹漆涂壁”是其中较为典型的案例。因为古人知识体系的局限，所以“涂朱甲骨”“朱笔画符”“丹漆涂壁”等做法带有较浓厚的迷信色彩，其实，本质上体现的是古人对“界分正邪”的推崇，认为丹砂是正义的象征，是获取正义的媒介。以丹砂奉神，在一定程度上，具有警示自己和提示人们要坚持正邪不两立原则的寓意。所以，要从是非观的维度来看待丹砂文化的第二重特性——灵性：明辨是非，崇正辟邪。古人受限于知识水平，虽然有明晰的是非观，却多不能用科学的形式呈现其是非观。古代知识分子亦常囿于这一局限，普罗民众则更是如此。李渭是这样论述：“故语曾子之孝，此闻故也，如晨昏钟鼓然；语之以大士，彼将敛襟衽，忻悦而多之，若听钟磬之声、管钥之音也；夫语以曾子则不听，语以大士则听，人盖乐异闻夸诩新奇也。”李渭在此用“曾子论孝”和“观音论孝”在社会成效上的区别形象说明了古人借迷信的形式赋予丹砂文化崇正辟邪内涵的内在逻辑。如今，重新审视丹砂文化的灵性内涵，自然应该摒弃迷信的外壳，只论本质，追根溯源，把其来龙去脉、源流根系一一阐明。明晰来路，才能更好地怀丹于心，砥砺前行。

再次，丹砂文化与中医药文化长久以来相互交融，共生共存，结合成独具特色的丹药文化。古人认为丹砂体阳而性阴，集阴阳于一身，极具造化生成的妙用，因此把丹砂作为一种珍贵的药物，广泛应用于疾病治疗，并且把疗效显著的药以神丹、灵丹、仙丹誉美之。同时，古人又十分清楚，丹砂的药性很不稳定：正确炮制，合理配伍，丹砂就是性寒之良药；若稍有疏忽，就转变成夺命之热毒。所以，以丹砂制药，必须做到“丹与心和合”，即“丹心一体”。古人以丹砂入药，在漫长的药理研究和医道探究过程中，逐渐根据“丹与心和合”的程度，把丹药分为三个等级：以铅汞为药，以铜铁为鼎炉，制成延命外丹；以气血为药，以身心为鼎炉，制成养性内丹；以忠孝为药，以乾坤为鼎炉，制成炼神仙丹。由毒变药，由丸药到心药，由救命到救心再到救世，由丹及人，最终达至人丹合一。丹砂文化沿着“从普通的物化为珍贵的药，从有形的药化为无形的药，从救一人的药化为救万民的药”这一转化轨迹完成了自身药性内涵的升华：寒药热毒，运化于心，丹心一体，人丹合一。从境界观的视角来考察丹砂文化，其药性内涵可一言以蔽之：丹神济生，丹道济世。寒药热毒只是丹砂文化药性内涵的基本出发点。古人以寒药热毒为基点，把药性、医技衔接起来，把起死回生的医术、救死扶伤的医德、悬壶济世的医道熔化进丹砂文化，以之谕示人生境界的进阶之路。

复次，丹砂文化还是具有丰富道德内涵的文化。从历史来看，人们围绕丹砂文化创造了三个典型意象：守宫砂、养生丹、爱国汞。虽然守宫砂展现了在婚姻方面对女子的严苛要求，带有压迫妇女的色彩；但是，从另一角度来看，守宫砂蕴含着一重正能量的内涵：对爱情的守望，对婚姻的坚贞。如果从古人历史认知的局限中破茧而出，忠于爱情和婚姻不再只是对女子的单方面要求，守宫砂的道德意涵就变得十分明晰：相爱要贞。而古人制作养生丹则从来都是希望通过借助服食丹药来调和五气，滋养性灵，造就身心和泰，消弭家中戾气；并且常常互赠养生药丸，互授养生功法，表达亲人之间的诚敬与慈爱，营造和睦一家亲的氛围。把附着在养生丹上的迷信彩妆卸除之后，一种感动人心的道德意涵便充分显露出来：居家要和。爱国汞则是周恩来总理对丹砂文化所蕴含的家国情怀进行的一次贴切命名。近代以来，丹砂文化中增添了反殖民掠夺的坚贞不屈，反侵华战争的坚守不渝，反阶级压迫的坚韧不拔，支援国家建设的坚持不懈，支持改制变革的坚定不移，面对千难万险的坚强不息等深刻内涵。“爱国汞”形象而集中地说明了丹砂文化的那一重令人潸然泪下的道德意涵：报国要忠。如果从价值观维度简要地对丹砂文化的德性内涵进行界定，主要可概括为三个方面：相爱要贞，居家要和，报国要忠。

最后，从“人与丹相映照”的视角来看，丹砂文化还有一重情性内涵。丹砂作为药物时，默默地发挥功效；转性之后，顷刻之间鸩杀生命。丹砂作为珍贵矿产时，心中有民，则丹砂为宝；心中无民，则丹砂成劫。可见，丹砂是一种有情性的物：爱憎分明，清柔朗烈；爱得清柔，恨得朗烈。清柔朗烈的丹砂涵养了清柔朗烈的人民。丹砂产区的人民深深眷恋着这一片乡土，静谧地看着丹枫渔火夜星空，深邃地望着丹桂飘香艳阳天。若有人要破坏这一份乡土的安详，则清柔之心爆发朗烈之性，不惜丹野血染也要斗争到底。同样的，若有困难阻碍美好家园的建设，淳朴的人民必勃发出万丈豪情。不管是清柔还是朗烈，都因为人民爱这土地爱得深沉。疾恶如仇才能守护住心中的温柔，郎心如铁才能打造出梦中的家园。过去，丹城人民是如此情性；现在，丹城人民仍是如此情性；未来，丹城人民还将是如此情性。这种情性是千百年来丹砂文化赋予人民的宝贵财富，值得珍藏，值得传承，值得弘扬。只要丹砂文化不消逝，这种情性就有永久存放的宝箱，永葆活性的土壤，永放光华的展台。丹砂文化的情性内涵是“人与丹相映照”的重要结晶，丹砂得人之性灵，人得丹砂之精魂，丹砂文化滋养人民，人民浇灌丹砂文化，相辅相成，相得益彰。

慧性、灵性、药性、德性、情性等五重特性是对丹砂文化内涵的科学归纳，有助于人们从纷繁复杂中把握丹砂文化的核心要义，理解丹砂文化的体系框架，解读丹砂文化的内在逻辑。进而找到丹砂文化的最佳传承模式，去芜存菁，传之久远，打造文化品牌，完成文化自觉，形成文化自信。

丹砂文化自古以来便已处在中华民族的文化生态环、文化生态链和文化生态圈之中，发展良好，成为一份珍贵的文化财富。但是，由于丹砂文化根系繁杂、层级叠加，阻碍了人们对它的系统认知，不利于新时代的文化开发与利用，需要把原生态丹砂文化改造为新生态丹砂文化。但是，在对丹砂文化进行形态改造和内涵建构之前，需要先从哲学、历史、民俗三个角度剖析丹砂文化的丰富内容，梳理演变源流，解析主流支脉，辨析粗芜菁华。在此基础上，从慧性、灵性、药性、德性、情性等五个方面重构丹砂文化内涵体系。唯其如此，才能更好地宣传丹砂文化的意蕴，科学地认知丹砂文化的产业价值，打造文化品牌，树立文化自信，进行合理开发。

【拓展阅读】

朱砂说

田　雯

采砂者必验其影，见若匏壶者，见若竹节者尾之，掘地而下曰“井”，平行而入曰“鳖”，直而高者曰“天平”，坠而斜者曰“牛吸水”。皆必支木幂板以为厢，而后可障土。畚、锸、锤、斫、斧、镵之用靡[1]不备，焚膏而入，蛇行匍匐，如追亡子，控金颐而逐原鹿，夜以为旦，死生震压之所不计也。石则斧之，过坚则煤之，必达而后止。有狻猊[2]焉、象王焉、於菟[3]长离[4]焉，则大幸焉；否则杯棬焉、篓数焉、簪珥[5]焉，要亦听之。庞而重者为砂宝，伏土中，呴呴作伏雌[6]声，闻者勿得惊，惊则他走。凡砂之走，响如松风，无巨无细，成以晶荧为上，柳子所谓"色如芙蓉"是也。方其负荷而出，投诸水淘之汰之，摇以床，漂以箕，既净囊而漉之，不即干，口以吹之。其水或潴[7]之池，或引之竿，越岗逾岭，涓涓天上落也。获之多寡视乎命，地之启闭视乎时，砂之楛良视乎质，不可强，亦不可恒也。

【注释】

[1] 靡：没有。

[2] 狻猊：一种神兽。

[3] 於菟：老虎的古称。

[4] 长离：一种神鸟。

[5] 簪珥：一种杯盘。

[6] 伏雌：母鸡。

[7] 潴：储集。

【推荐阅读】

[1] 李杰：《贵州汞矿史料》，昆明：云南人民出版社，2012 年。

[2] 李吉甫撰，贺次君点校：《元和郡县图志》，北京：中华书局，1983 年。

[3] 刘琳等校点：《宋会要辑稿》，上海：上海古籍出版社，2014 年。

[4] 马端临：《文献通考》，北京：中华书局，1986 年。

[5] 黄彰健校勘：《明实录（附校勘记）》，北京：中华书局，2016 年。

[6] 钟添纂：《嘉靖思南府志》，上海：上海古籍书店，1962 年。

[7] 鄂尔泰，靖道谟：《贵州通志》，扬州：江苏广陵古籍刻印社，1987 年。

[8] 章鸿剑：《古矿录》，北京：地质出版社，1954 年。

【思考题】

1. 为什么说黔东地区是中国丹砂文化的重要发源地？请结合历史事实谈谈你的看法。

2. 简述万仕英《大木丹砂辨》的主要内容，并分析写作本文的主要目的。

3. 简述铜仁丹砂文化的基本内涵和主要特征。

第十讲　凝固历史　流动音符

【学习目标】

了解东山寺古建筑群的历史与现状；理解铜仁地域建筑特色及审美旨趣，提升对本土古建筑及古镇、古村落的保护意识；通过对中国优秀传统建筑文化的学习了解，进一步坚定文化自信。

【学习重点】

铜仁建筑文化的基本情况和铜仁建筑价值取向及审美旨趣。

【学习难点】

理解“建筑是流动的音符”，提升对建筑艺术的鉴赏水平。

【学习例文】

东山记

徐　訚

宇宙之景无穷也，而每穷于人之一心；人心之乐无穷也，而每穷于心之所累。心有所累，则虽岱、华、恒、庐峙其前，而不见其高也；沧、溟、渤、澥临其侧，而不见其大也；即历武夷、秀水、天台、雁宕，而不见其妙也。心无所累，则虽一邱[1]也，必崎岖以经之；一壑也，必窈窕[2]以寻之；即至一花一草，皆足以动其游观之乐焉。

铜江之东山，峙于府治之中，峭嶂嶙峋，临江壁立，四面之峰峦拱列，二水之浩淼横流。俯视则城郭之蜿蜒，市廛[3]之迤逦，闾阎[4]之绣错，宛若画图；

环看则远村近落，绿墅青畴，林麓烟霞，江干花柳，悉足供其挹取；极顶则古木参天，巉崖拔地。且更有清泉澄澈，曲径盘旋之胜焉。

遭兵燹之后，而所谓绀殿琳宫者，徒为灰烬，是则可慨也。岁辛巳，闻膺胡公以佐政来铜，喜其地静民淳，以故刑清政简。公余之暇，时或杖履登山，爱此山四无所倚，特然中立于焉。除瓦砾，以搜其石之佳也；剪翳翳[5]，以漱其泉之洁也；斩荆棘藤萝，以显其修竹之萧疏，茂树之苍翠也。公笑曰："如此奇山而曾不一著其名者，或者位置设施之道不得其人焉，以致之欤！"一日，邀诸同人，携樽酒，坐于白石之上，而慨然曰："山奇矣！更得其异以点缀之，不愈见其奇耶？"维时[6]在座者起而指曰："山之巅，蓬蒿满目者，昔日之大观楼址也；山之东，石壁如屏，下临巨水者，昔日之双峰阁基也；山之南，怪石巑岏[7]，高下其势者，昔日之静室，方丈所由构也。若今日之文昌阁、真武殿，不过从灰烬之余，以聊点其名山之趣。是以不壮游人之观耳！至所传之绀殿琳宫，则未之见也。"

公乃俯而思，仰而叹，曰："若以是山之奇，平者台焉，高者阁焉，断者桥焉，临水者楼焉，翼泉者亭焉，而且构书室于观澜之石焉，架复道于环崖之磴焉；屈曲横槛回栏上下者，药畦花圃焉。甚至雕梁绘藻，画栋飞云，璇室瑶光，朱廊炫彩。有此奇山，更有此奇景以点缀之，四方好奇之士来，而游泳，而咏歌者，不知凡几矣！今以是奇，而隐没于荒烟蔓草中，故其名不著，无怪乎好奇之士鲜有知者。"

余闻之，会心位置之精，想象设施之趣，恍惚神游于岱、华、恒、庐之高也，恍惚望洋于沧、溟、渤、澥之大也，恍惚于游武夷、临秀水、履天台、登雁宕，而目击其瑶台、贝阙、蜃楼、虹桥之妙也。岂但一丘一壑，一花一草之足以尽其胜哉！脱[8]后有好奇者能就此山而如公位置，如公设施，此山即欲求隐其名，以免好奇人之游览，亦有所不可得也。然则东山主人，舍公其谁与归欤？噫！公之心真无丝毫之累，视富贵往来，直如浮云之过太虚；而此心湛然之乐，无所往而不遇者也。彼世之心有所累者，不能随地以穷其山水之奇，动[9]曰："灵岩异谷之境恒多，穷于边陲荒徼[10]也。"呜呼！景岂有穷也哉！

【注释】

[1] 邱：同"丘"，小土山，讳孔子之名字曰"邱"。

［2］窈窕：幽深的样子。

［3］市廛：指集市。廛是指古代城市平民的房地。

［4］闾阎：巷道里弄的意思。

［5］翳薈：亦作“薈翳”，指草木茂盛。

［6］维时：当时。

［7］巑岏：峻峭山峰。

［8］脱：假如，或许。

［9］动：动不动，常常。

［10］荒徼：荒远的边城。

【译文】

人心的快乐和宇宙的景象一样，都是没有穷尽的。心若乏累就有束缚，看到大山大海美景，也感觉不出美好。心不乏累也无束缚，看到普普通通的小山包和小沟渠都会觉得是道风景，也要上去体验战胜崎岖地形的经历，探寻幽深秀丽的自然景色，哪怕是一花一草，也能激起游玩观赏的乐趣。

铜江的东山，耸立在府城中，山势高陡峻峭，面向锦江的山峰像墙壁一样挺立，四周山峰冈峦环绕站立，大小两江河水从山脚浩荡流过。站在山顶俯瞰铜仁的城郭集市曲折连绵，大街小巷纵横交错，美如图画；环看或远或近的村落、绿色的田野、树林烟雾和云霞缭绕，江边花草柳树掩映，都值得提供给他挹取；山的最高处古木参天，高耸险峻的山崖拔地而起，更有山泉清澈透明，曲曲折折的山间小路蜿蜒盘旋的美景。

遭遇兵荒战火之后，那些华美的建筑全部化为灰烬，很是让人感慨啊！辛巳（1761）年，听说来铜任知府的胡公式瑗（胡式瑗，籍贯不详，监生出身，清乾隆年间任铜仁知府）喜欢这里地方清静安详民风淳朴，所以刑事少，政务简单。他闲暇时拄杖登山，喜爱这座山四周没有倚靠，独特地站立着。除去杂乱的瓦砾以寻找石头的最佳视角，剪断茂密的林木以使冲刷的泉水保持清洁，砍掉荆棘藤萝以显示竹子的萧疏和茂树的苍翠。他笑道，如此奇山竟然没有一篇文章记载其名，或者是位置和设施不好的原因未遇到这样的人，以致如此。一天，他邀约大家带上酒一起上山，坐在白石上，慨然道：“这山的造型本来就奇特了，又有奇异的花草树木点缀，不是更显得奇吗？”当时有在座的人起来指着说：“山顶满目荒草的地方，是以前的大观楼遗址；山的东面石壁像屏障，下临大河处是以前的双峰阁地基；山的南面怪石峻峭，那高高低低的形势，是以前方丈修建的静室。现今的文昌阁和真武殿，是以往那些建筑毁为灰烬后，用来勉强点缀这座名山的趣味。所以不能增加游人观赏的兴趣罢了。至于所传说的绀殿琳宫，是从没有见过的。"

公于是俯思仰叹，说："要说这座山的奇特之处，平处有台，高处有阁，断处有桥，临水处有楼，盖在泉眼上有亭，而且修建书室在可以观赏锦江的岩石上，架设两重通道在环崖的石磴上，弯曲的栏杆的上面下面是种植着药物和花草的园圃。尤其是那雕梁绘藻，画栋飞云，璇室瑶光，朱廊炫彩。有此奇山，更有此奇景点缀，四方好奇的人前来，游泳和唱歌的，不知有多少。现在因此感到奇怪，它的那些奇景隐没在荒烟蔓草之中，所以它的名声不显扬，无怪乎好奇者少有知道的。"

我听了，用心领悟位置的精妙，想象布置的趣味，恍惚中神游在泰山、华山、恒山、庐山这些高耸的名山上，恍惚中在眺望沧海、渤海阔大的海洋，恍惚中在游历武夷、秀水、天台、雁荡这些美丽的山，看那些山上修建的楼阁台桥的奇妙。哪是一座山丘一条小沟渠就看尽的胜景！或许以后有好奇的人能到这座山，处在公这样的位置，像公这样布置，这座山就是想着要求隐去它的名声，以免引来好奇人游览，也会有可能做不到。但是东山的主人，除了公还能归属谁呢！公之心真是没有丝毫之乏累和束缚，看荣华富贵和人世往来，简直像浮云飘过太虚幻境，而这颗心那清澈淡泊的快乐，到哪里都是能够遇到的。那些俗世中的心有所累的人，不能适应地方以穷尽山水的奇妙，常说："奇异的美景固然多，到荒远边城也有尽头。"呜呼，风景岂有穷尽的啊！

【文化解读】

作者简介

徐訚（1657—1723，一说 1656—1732），字小骞，别号西樵，贵阳府学教授，贵州铜仁人。诸生（古代经考试录取而进入中央、府、州、县各级学校，包括太学学习的生员。生员有增生、附生、廪生、例生等，统称诸生）。碧江区茶园山徐宰六徐氏第六代孙。著有《香雪斋稿》《澹园纪年诗集》等。本文选自

《道光铜仁府志》。

关于东山寺

东山寺坐落在铜仁市碧江区东山，明正德年间（1506—1521），参议蔡潮始建“澄江楼”“川上亭”，明嘉靖二十二年（1543），知府李资坤增建“大观楼”，又名“镇远楼”。明万历二十八年（1600），总兵谭敬承重建。明万历三十七年（1609），兵巡佥事倪状猷、府署推官徐昌期、张希贤、知县杨仕汉，丘时可重修，规模恢宏。楼后建“瞻辰亭”。清顺治十七年（1660），郡守梁懋宸复建“双峰阁”“兼隐庵”。此后，地方官与邑知名人士先后续建“大雄殿”“文昌宫”“贞武观”“武侯祠”“奎星阁”“护国楼”“二吴亭”“火钟亭”等，这些建筑均为木架构坡屋面青瓦房。高低错落，亭依壁立，斗拱飞檐，亮格花窗，曲栏回廊，雕梁画栋。清乾隆六十年（1795）文昌宫毁于兵火，大学士贝子福康安重建，题额“东山寺”。东山西麓有飞山庙，为清康熙年间副将贺国贤重建。整座建筑自成一体，周围建有围墙，山门用砖雕加以装饰。入山门为四合天井，正中为大殿，两边为厢房，布局严谨，古朴肃穆。1985 年东山被列为贵州省重点风景名胜保护区。2006 年，与川主宫、中南门古城区连片被列为国家重点文物保护单位。1981 年被列为首批县级自然风景保护区，1985 年列为省级古建筑保护单位。2006 年 5 月，东山古建筑同中南门古城区、川主宫等一起被列为国家重点文物保护区。1990 年，东山上设立了全国首家傩文化博物馆——贵州铜仁傩文化博物馆（2010 年搬迁到民族风情园，2012 年更名为贵州傩文化博物馆）；1995 年，重建“抗日阵亡将士纪念碑”。

东山，其建筑始于宋代，近六百年来，先后建有澄江楼、双峰阁、奎星阁、崇真观、崇仙宫、真武观、文昌宫、大雄殿、武侯祠、护国楼、火钟楼、魁星楼等多组寺观和亭阁，皆画栋朱楹，蔚为壮观。早年，东山古树蔽日，修竹摇曳，泉池清洌，曲径通幽。日升月出之时，临江蒸腾，隔岸相望，宛如海市蜃楼；衬以晨钟暮鼓，别有一番风韵。清康熙年间，知府敬文赞曰：“东山高嵯峨，楼阁云中起，虽在城市间，魏然足仰止。”另外，过去东山摩崖题词和碑碣也不少，临江绝壁间刻凿的“云彩江声”“渊渟岳峙”以及山巅先后树立的光复纪念碑、抗日阵亡将士纪念碑等文物，游览观瞻，令人爽心悦目，豪气陡增。

据有限的资料记载，我们梳理一下东山上曾经的建筑有：

飞山祠：明朝正德年间，铜仁长官司长官李椿在东山脚建，后被毁万历四十年（1612），知府陈以耀重修。

崇仙宫：明正德十年（1515），守备李宗佑在东山山顶建，后被毁。

川上亭：明正德十一年（1516），分守新镇道参议蔡潮在山上所建，后被毁。

东山寺：明正德十一年（1516），分守新镇道参议蔡潮在山上所建，后被毁。

澄江阁：明正德十一年（1516），分守新镇道参议蔡潮山下所建，后被毁。

大观楼（又名“镇远楼”）：嘉靖二十三年（1544），知府李资坤在山上所建，后被毁。万历十八年（1590）和三十七年（1609）又经过两次重修，后又被毁。

武侯祠：嘉靖三十二年（1553），铜仁府经历刘仲芳在山上所建。

文昌阁：明万历十四年（1586）建。

瞻宸亭：万历十五年（1587），驻铜仁贵州总兵谭敬承在山上所建。

双峰阁：清顺治十七年（1660），清代首任知府梁懋宸在山上所建。

兼隐庵：清顺治十七年（1660），清代首任知府梁懋宸在山上所建。

奎星阁：清道光二年（1822），知府陈兆熙在东山上建；清光绪十六年（1890），署知府曹昌棋重建。

火钟亭：有一遇火灾即有“僧击钟告警”之功能。

民国期间，还修建“护国楼”“二吴亭”“光复纪念碑”“抗日阵亡将士纪念碑”（1966年被毁）等。故五百多年来，东山虽经岁月消磨、风雨侵蚀、天灾人祸，但经历代地方官宦、商贾乡绅不断重修重建，其古建筑一直颇具规模。小小的东山寺累计建筑物达二十余项之多，聚亭、台、楼、阁、宫、观、寺、庙、庵、祠、碑等各类建筑为一处。历史上的东山，无愧是“一座建筑博物馆”，是各种建筑文化和谐共处、交相辉映的集中展示。

如今的东山上，真正的古建已难于寻觅，人们只有通过摆放在路边成堆的雕花柱础和遮天蔽日的古树，去想象它往昔建筑的辉煌与气派，通过古代文人骚客的诗词歌赋领略它的神韵与风采，不得不说是一种历史的遗憾。

阅读分析

（一）内容分析

徐阊这篇文章，采用夹叙夹议的手法，记述东山历史、文化、风物及美景。引发出世态变迁、古建被毁、奇景不在、游人稀少，世人不解东山万种风情，不懂东山奇趣雅韵的感喟。至于东山寺上有哪些具体的古建、什么结构造型、怎样装饰等等，文中没有仔细记述，只是以“平者台焉，高者阁焉，断者桥焉，临水者楼焉，翼泉者亭焉，而且构书室于观澜之石焉，架复道于环崖之磴焉”寥寥几句来概括，读者从中无法领略到东山建筑的细枝末节。本文是一篇游记，而不是介绍建筑的专文。

（二）写作手法

文以摄景，文以传神，文以缘情，文以载道，详略得当：写景详细，写人、抒情、说理简略，承前启后。主要应用以下手法：

对比：如“心有所累，则虽岱、华、恒、庐峙其前，而不见其高也；沧、溟、渤、澥临其侧，而不见其大也；即历武夷、秀水、天台、雁宕，而不见其妙也。心无所累，则虽一邱也，必崎岖以经之；一壑也，必窈窕以寻之；即至一花一草，皆足以动其游观之乐焉。”

排比：如“若以是山之奇，平者台焉，高者阁焉，断者桥焉，临水者楼焉，翼泉者亭焉，而且构书室于观澜之石焉，架复道于环崖之磴焉 。”

互文：如“恍惚于游武夷、临秀水、履天台、登雁宕，而目击其瑶台、贝阙、蜃楼、虹桥之妙也。”

伏笔：如“公之心真无丝毫之累，视富贵往来，直如浮云之过太虚；而此心湛然之乐，无所往而不遇者也。”

前后呼应：如“余闻之，会心位置之精，想象设施之趣，恍惚神游于岱、华、恒、庐之高也，恍惚望洋于沧、溟、渤、澥之大也，恍惚于游武夷、临秀水、履天台、登雁宕，而目击其瑶台、贝阙、蜃楼、虹桥之妙也。岂但一丘一壑，一花一草之足以尽其胜哉！”

寓景于事：把景色描写融在叙事之中。如：“除瓦砾以搜其石之佳也；翳蓊以漱其泉之洁也；斩荆棘藤萝以显其修竹之萧疏，茂树之苍翠也。”

建筑与建筑文化

建筑是用固体材料同时构造内外空间以满足人居住、劳动和其他活动需要的场所。建筑的类型很多，根据使用性质，可分为民用建筑和公共建筑；根据审美需要可分为园林建筑、纪念性建筑等。作为一种用物质材料构造的人类居住与活动所在，建筑与人类生活息息相关。

建筑是文化的符号，如果没有建筑的记载，中国的文明是不完整的。而建筑文化是人类文明长河中产生的有着物质内容和地域文化特色的亮丽风景，是人类生活与自然环境不断作用的产物。在不同的时代，建筑文化内涵和风格是不一样的；在不同的地域，建筑文化也完全不同。例如，中国北方的建筑文化风格就与南方不同。在不同的半球位置上，也体现各种建筑价值观的区别，东方和西方建筑风格就不一样。

文化是建筑的灵魂，能够为生活在其中的人们灌注生气。两千多年来，以中轴建筑思想构建空间秩序、表达人与天地对话的中国建筑文化传统，形成了稳重、典雅、均衡的空间美学风格，也育养了中国人遵规守矩、长幼有序、追求和谐的文化性格和生活美学。建筑是凝固的历史，它承载着一个民族、一个文明在不同历史时期的政治、文化、风俗和审美，比任何文字的记录都要更直观更真实，尤其是中国传统建筑，它的一墙一瓦，一砖一石，一园一亭，一楼一城，都是在记录历史，诉说着历史，体现着人文。早在两千多年前孟子就说过："居移气，养移体。"意思是生活环境和条件直接影响着人的精神气质和身心健康。建筑是镌刻在树木或石头上的史书，凝结着深厚的文化。中国传统建筑是中华民族生存智慧、工程技术、审美理念、社会伦理等文明成果的载体，客观、真实地反映着当时社会的政治、经济、文化和思想，蕴含着中华文明源远流长、生生不息的智慧，是中华文明的重要组成部分，也是当代以及未来城乡建设的营养库和传家宝。

中国最早的史前建筑，诞生于距今约 10000 年的旧、新石器时代之交，即原始农业开始出现，人们的定居要求开始增强的时候。而最早显现出初步的关于美的也即广义艺术要求的建筑，则出现于公元前 4000 年新石器时代中期。从一种结构体系而言，中国传统建筑终结于二十世纪初。在漫长的发展过程中，中国建筑始终完整保留了体系的基本性格。从其全部历史可以分出几个大的段落，如商周到秦汉，是萌芽与成长阶段；秦和西汉是发展的第一次高潮；历魏晋经隋唐而宋，是成熟与高峰阶段，唐宋的成就更为辉煌，是第二次高潮，可以认为是中国建筑的高峰；元至明清是充实与总结阶段，明至盛清以前是发展的第三次高潮。可以看出，每一次高潮的出现，都相应地伴有国家的统一、长期的安定和文化的急剧交流等社会背景。例如秦汉的统一加速了中原文化和楚、越文化的交流，隋唐的统一增强了中国与亚洲其他国家，以及中国内部南北文化的交流，明清的统一又加强了中国各民族之间、并开始了中西建筑文化的交流。可以认为，统一安定、经济繁荣、国力强大和文化交流，正是建筑艺术得以发展的内在契机。

中国传统建筑以汉族建筑为主流，主要包括如城市、宫殿、坛庙、陵墓、寺观、佛塔、石窟、园林、衙署、民间公共建筑、景观楼阁、王府、民居、长城、桥梁大致十五种类型，以及如牌坊、碑碣、华表等建筑小品。它们除了有前述基本共通的发展历程以外，又有时代、地域和类型风格的不同。中国各少数民族建筑也都各具异彩，大大丰富了中国建筑的整体风貌。藏族建筑深植于独特的藏传佛教文化土壤之中，虽吸收了汉族建筑的一些形象和手法，但自成体系，非常富于特色，规模宏大，色彩鲜明，性格粗犷巨丽，其代表性杰作（布达拉宫）不愧为世界级的建筑艺术精品。维吾尔族以伊斯兰教建筑成就最大，属于世界伊斯兰建筑体系，造型浑朴含韵，性格静穆沉思，其民居也与汉族民居有显著不同。傣族信奉上座部佛教，建筑受同为上座部佛教流行地区的泰、缅等国影响较大，除富有特色的干栏式民居外，以妩媚玲珑的佛寺佛塔更具风韵。侗族建筑虽受汉族影响较大，仍以其特有的鼓楼和风雨桥闻名中外，艺术性格质朴古拙。此外，如回族伊斯兰教建筑，纳西族、白族、苗族、土家族和朝鲜族民居，也都各具异彩。这些民族的建筑艺术作品，像闪现在天空的点点明星，光辉灿烂。

中国建筑特别重视群体组合的美（如故宫）。群体组合常取中轴对称的严谨构图方式，但有些类型如园林、某些山林寺观和某些民居则采用了自由式组合。不管哪种构图方式，都十分重视对中和、平易、含蓄而深沉的美学性格的追求，体现了中国人的民族审美习惯，而与欧洲等其他建筑体系突出建筑个体的放射外向性格、体形体量的强烈对比等有明显差别。

中国建筑是独具风姿的唯一以木结构为主的体系。结构不但具有工程技术的意义，其机智而巧妙的组合所显现的结构美和装饰美，本身也是建筑美的内容，尤其木结构体系，其复杂与精微都为砖石结构所不及，体现了中国人的智慧。对有机的结构构件和其他附属构件的进一步加工，就形成独特的中国建筑装饰，包括内外装修、彩画、木雕、砖雕、石雕和琉璃，有十分丰富的手法和生动的发展过程。

铜仁建筑

建筑作为一种文化、一种艺术，具有明显的地域性、民族性和时代性，凝集着一定地域、一个民族和一个时代的崇高精神、价值追求与审美感受。

铜仁建筑的发展变化，它同样经历一个漫长的过程：从古代建筑到现代建筑、从大众建筑到特色建筑。它从不同角度体现铜仁各个历史时期和各民族的建筑风格、建筑特色和建筑文化，并形成独特的黔东建筑文化现象。铜仁古建筑多建于明清，主要建筑物有城垣、公署、寺庙和民居等。其建筑结构除城垣、桥梁及个别建筑物采用夯土和砖石砌筑外，其余多以木结构青瓦房为主。署、庙、宫、馆类，多为川排式和台梁式木结构，以庑殿顶，歇山顶、重檐式、翘檐式坡屋面为主，辅之以风火山墙，多为三进或四进。铜仁境内典型的古建筑群有中南门古城，寨英古镇等，典型的单体古建筑有铜仁川主宫、思南府文庙、石阡万寿宫、铜仁陈公馆（中西合璧式古建筑，2019 年 4 月 25 日零时烧毁）等。

民居住宅，在结构上主要采用干栏式穿斗木结构，以悬山顶、硬山顶和单檐式坡屋面为多。商贾富户则辅之风火山墙，俗称风火桶子或窨子屋。主要布局特点以一家一院为主。临街民居，一般是前店后宅，前为店房，中为正房，后为配房，左右为厢房，有二进或三进，多为四合天井为宜。典型的民居村落有碧江区的茶园山、松桃的大湾苗寨、江口的云舍和寨沙、石阡的楼上和尧上古寨、思南的郝家湾等。

亭台楼阁塔及牌坊，主要在风景名胜区内及街坊处。其造型精巧玲珑，格调多变。在结构上穿抬结合，外面装饰多为六角攒尖顶或八角攒尖顶以及叠檐式琉璃瓦，并装饰空心栏杆及透雕花窗，牌坊则饰以石雕或砖雕。花鸟虫鱼，栩栩如生；人物故事，历历在目。飞阁流丹，古朴特异，工艺精湛，匠心独具，寓建筑与自然环境为一体，是古代建筑的经典之作。典型的如东山寺的川上亭、江宗门外的铜岩亭、印江的文昌阁、铜仁文笔峰的文笔塔等。

铜仁历史悠久，被称为“贵州开史”之地，世居的铜仁各族人民，在长期的生产生活中创造了自己的包括建筑文化在内的特色文化。但是，铜仁位在贵州高原东部，武陵山区腹地，东邻湘楚，北接重庆，是连接中原地区与西南边陲的纽带，享有“黔东门户”之称，楚湘文化与巴蜀文化在这里碰撞、交融、沉淀，又塑就了铜仁开放包容、兼收并蓄的文化胸怀。就建筑文化而言，除本土的干栏式穿斗木结构青瓦房外，又吸纳了北方的四合院、徽派、江南园林等建筑元素。在现当代建筑上，还吸纳借鉴了西方的建筑文化元素和审美理念，所以说，铜仁的建筑文化是处于混融状态的文化。

铜仁乡村民居

铜仁的乡村民居为干栏式穿斗木结构坡屋面青瓦房，其形制多为五柱三间，也有三柱三间，七柱三间，九柱三间。另加悬柱，称瓜或挂，即着地的为柱，不着地的为瓜。如一栋房屋五根柱头着地，四根悬在川枋上，就叫“五柱四”，以此类推，由此我们就知道房屋大概面积。房屋的开间 3.5 米—4.3 米，高 5.3—7.3 米，纵深 5.6—8.6 米。建筑造型多见四合院、三合头的“匚”字形、正屋配吊脚厢房的“7”字形、“一”字形的建筑组群。

在房屋空间功能布局上，分为祖神、人、禽畜空间和户外活动空间。一般情况下，正（主）房三间：左间住长辈（苗族火坑左侧安置神龛）并作议事和待客场所；右间住晚辈并存放衣物家什；中间安神四官神位，作祭祀场所（平时搁置农具）；中堂后间多为储物间或住人（忌住夫妻）；灶房和柴房一般另建附属房屋（偏厦）；屋外大门用来防护人或牲口随意进出；院落则用来晒粮食、摆酒席、乘凉等；菜园因地制宜在房前或屋后。

铜仁乡村民居的典型建筑是吊脚楼。吊脚楼是干栏式建筑的演变形式，多采用架空、悬挑、迭落等手法建造。其结构以穿斗式木结构为主，以立柱为承重，通过立柱直接将屋面重量传至基础，以川枋联系檐柱和中柱，保持立柱稳定，横向穿斗楼枕，屋面等距离横架檩子。吊脚楼层高 2—3 层不等，其空间利用功能是有等次级别的，一层储物或喂养家禽家畜；二层女儿闺房（女儿出嫁后为客房或儿子居住）；三层乘凉观景。三层以上的建筑多是瞭望功能，防御兵匪偷袭和骚扰。

吊脚楼是铜仁地域建筑文化特征。居住在这块区域的人们基于所在的地形地貌、气候条件、生态环境等因素，结合实用性、功能性以及道德伦理、宗教信仰、审美倾向所作的智慧选择。生活在这块土地上的汉族、土家族、苗族、侗族、仡佬族等都钟情这种建筑形态，所不同的是，在建筑过程中的文化植入及功能划分布局上存在着差别。因此，在铜仁不能把吊脚楼简单地归属于某一个民族的传统建筑。

房屋是人们的历史记忆和憧憬未来的空间。铜仁民间建房的程序是，选屋基—“买”屋基—开屋基—请掌墨师傅—组建木匠班子—上山伐木备料—扛木料到屋场—敬土地神—发墨—做木工—请梁木—夹磉—盘柱头—撵煞“清场”—立房—上梁—上檩子—钉椽廓—盖瓦—修装，到新屋落成庆贺，每个环节都有相应的文化嵌入，遵循许多的规矩和禁忌。此外，房屋的建造和居住的过程也是与祖先神灵交流的过程，具有鲜明的宗教色彩及仪式感。包括柱头崇拜（巢居关键构建）、梁木崇拜（穴居关键构建）、火塘崇拜、建筑用材的枫木崇拜、犁基仪式、修相仪式以及各种忌讳。如房屋的选址，由于历史等方面的原因，铜仁的少数民族大多居住在高山峻岭，所以选址就得依山就势、借山显势，表现了对地形的自然顺应。其目的：一是节约耕地，不占良田；二是减少开挖土石方，防止水土流失。为了对气候的适应，选址的基本要求枕山（防寒）、环水（凉爽）、面屏（防风）、向阳（日光足）。尤其是正房和大门的选址，对朝向、排水、背风、采光等十分重视，要顺应地形，尊重自然，求达天人合一。因此，选址时要请风水师来巡天、望气、觅龙、察砂、观水、定向、点穴。按照“左青龙，右白虎；前朱雀，后玄武”来选定吉地，注重“山清水秀”“山厚人肥”“山驻人宁”。坐向以南北为宜，符合“山管人丁水管财”的五行学说。其他附属设施，无论是搭建、延建，还是单独建造，都比较随意、借势、凭利，不受风水、五行圣刻的限制。凡此种种，充分体现了铜仁人民长期生产生活积累起来的生存智慧与生命哲学。

铜仁民居建筑的选址、形制与结构、功能布局及运用，是与其历史和生境密切相关的。铜仁世居的少数民族的建筑文化不可避免受到汉族文化的影响，在建筑过程中嵌入一些汉族文化元素，最突出的就是“敬鲁班”“看风水”“四合院”形制以及现当代建筑选址的交通便利性等，但这些在建筑文化中是局部的、从属的。铜仁少数民族建筑还是以自身的固有理念为根本法则，由建到住、由表及里、自始至终都烙下了本民族历史、道德伦理、宗教信仰、思想情感、审美旨趣的深刻印记，是民族历史命运和个性特征的折射、反映。

建筑艺术与建筑审美

建筑不仅仅是人类“居住的机器”，它不是一个冰冷的毫无生气的存在，而应该是诗意的存在。黑格尔曾把建筑看成美的过程的第一阶段，也就是说，建筑自诞生之日起，必然和人类的精神生活发生关联，以它的形体构架和空间呈现给人以审美的愉悦。所以说，建筑既是一种物质产品，也是一种艺术创造。实用和审美、技术和艺术，始终是建筑的最基本特征。建筑艺术就是按照美的原则，运用建筑艺术的独特语言，创造出既有文化价值，又具有审美价值；既涵纳了象征性，又涵纳了形式美；既体现了时代性，又体现了民族性的建筑形象的艺术形式。

坚固、实用、美观是建筑的三个基本原则。无论是中国古代建筑的土木结构体系，还是西方建筑的砖石结构体系，首先考虑的都是坚固和实用，只有这样，建筑才能经受得起岁月的磨砺。但是，随着人类物质文化生活需要的不断满足，精神层次的需要逐渐提高，对于建筑的理解也就不能从纯物质的功能出发，还需考虑其文化价值和精神价值。托伯特·哈姆在《建筑形式美的原则》中指出：“归根结底，决定一个建筑物的重大价值，看来总是美学标准。”就拿铜仁传统的木结构建筑来说，在经济条件不允许的情况下，修一至三间安全的能遮风挡雨的房舍就可以了，条件稍改善，就会用木板装饰一下，显得整洁光亮一些；经济再殷实一些的人家，则可能再修上厢房甚至对厅，建成一座小小的四合院，形态上飞檐翘角，装饰上雕梁画栋，看上去气派、美观，功能更加完备。就当代的钢筋混凝土结构而言，不管城镇还是乡村也都是如此，资金受限的，就是火柴盒一样呆板砌起来；资金保证的，则请人设计些样式，看起来有点格调；再讲究的，造一个庭院，栽花种草，弄点小景，就更上档次了。所以，在建筑审美这一点上，人们追求的目标是一致的，在确保安居稳坐的同时，都会努力增添我们建筑的文化精神价值和审美价值。

铜仁建筑的美，主要体现在民居的建筑自由组群上。这是铜仁知名作家安元奎在《大湾苗寨的美学》中对一个苗寨建筑组群的描述：“一片片青色土瓦覆盖在屋顶，绵绵密密，瓦脊瓦沟次第而列，呈现出某种内在的秩序与韵律。厚重的黑色，端庄而沉着。正房是三角形的坡屋顶，与山坡的自然走势同频共振。山体的自然线条，生态的完整性，得到了最大限度的保存。正房两边多为吊脚楼，突起于两翼，造型别致。翘起的瓦檐像弯弯的牛角，轻盈，飘逸，灵动欲飞。几十栋吊脚楼层叠而上，呈现出错落有致、层次分明的美感。穿行寨中，发现更多的建筑匠心。木房多是穿斗式的木结构，柱、枋、梁垂直相交，实用而简洁，原木色彩的深深浅浅，呈现岁月的印记。走入人家，但觉房屋的布局紧凑合理。正中是堂屋，两侧对称的是卧室或火坑。有的家里摆放着木质的织布机与纺车，石碓石磨，生活依然保留着古老的韵味。”铜仁人多为聚族而居，以姓成寨，寨址多是依山傍水，天然和谐。寨上的建筑从山脚开始，一座叠一座，重重叠叠，勾檐斗拱，紧密相连，聚水藏风，错落有致，直到半山腰，彰显了民族建筑艺术的形态美。尤其是依山而建的吊脚楼组群，有的整座木楼就建在峭壁山崖上，从侧面往上观望，整座吊脚楼如同空中楼阁，分外壮观。虽经风沐雨至今已有百年，仍然昂首翘立。这就最大限度地发挥了建筑工匠们的想象力和创造力，得益于主墨师傅的高超手艺和顺应自然的建筑理念。

世居铜仁的各族人民创造的遍布黔东山水间众多建筑艺术成果，是我们历经数百年针对特定自然生态系统做出的文化适应，充分体现了铜仁人精妙应对复杂环境生态的生存之美、和谐之美；体现了效法自然，尽可能承环境之美又适度干预自然的生存艺术。

总之，建筑发端历史悠久，建筑类型复杂多样，这就决定了建筑必然是一个庞大的体系，古今中外知名建筑不胜枚举，建筑文化博大精深，美学价值无与伦比。作为当代大学生，应该兼修一些建筑文化的基本知识，从中汲取必要的文化养分，从而提升审美鉴赏能力，以开阔我们的视野，丰富我们的内心世界，为我们的生活增添一份精彩，一份美好。

【拓展阅读】

大观楼记

在东山上，规制宏敞，甲于黔中，知府李资中建，刑部郎中上海诸杰记。

铜仁在三代时为荆州南裔，后或属楚，或属武陵。唐垂拱中设万安县，寻改常丰，宋属思珍二州，元置铜人大小江长官司。城之有无，郡乘不足，靡所考证。国朝永乐甲午，始郡其地，百凡草创，虑弗及城，故正统己巳苗叛，毒及官民甚憯，以无城故。景泰辛未，郡侯重庆朱君始因东山，环以土城。时居民甚鲜，所筑仅三里许。正德初，苗复叛，郡亦恃以无虞。嗣后商民四集，官兹土者多欲拓之，以费夥民劳而止[1]。

嘉靖癸卯，云南李侯由司寇郎牧是郡，心□其制。周览近域地势，东枕崇冈，西带小江，北距身堑，中皆夷衍可目[2]。南襟大江，石壁下瞰，中抱东山，颇据天险，慨然欲拓之。谋于节西充王君秉俭、司训苍溪谢君宁士、大夫何君亨祥、刘君时举辈，皆曰："可。"乃属[3]父老。令环城愿居者，听丈输一金，给为业。于是应命者殆二百人，金亦以百计。侯躬率老人吕十六等，步自东冈，历北堑，抵小江，得九百弓而遥，北去旧城，得百六十弓[4]而近。拟成之，度所费与所输埒，移文当道，报允。然后鸠工庀材，既廪[5]称事，役者齐力，董者同心，侯复昕夕[6]临视，有慰无亟。经始是年秋八月庚辰，讫工明年三月丙辰。墙崇二仞，覆以串楼，厚视崇损三之一，广视旧益三之二。复门其四隅，复道重檐，以通来往。而东山宛在城中央矣，遂易为"中山"。仍以羡[7]金及榷木构楼其上，高凌霄汉，扁曰："大观楼"，中置钟鼓，警晨昏，声可闻远。城未甓、楼未完，而侯以诖误[8]去。继而余同年佥事仁和陈君克昌，伐崖石，措材用。以卒侯志。楼始称大观也。

余友郡人王君兰书来征记，余惟《春秋》有大役必书，故书城郎[9]、书浚洙[10]，费惟重民力，且谨地险焉。铜三面临苗，城固不可一日无者，侯隘其旧，从而拓之，诚知所先务而有功于铜者也。侯宰宜城，继嘉定，政皆宜民，逮今尚有遗爱。膺荐内补（辅）[11]，明罚敕法[12]，复有声于留都[13]。其治郡刚正明决，持大体，耻诡随[14]，非但王君笔之之详，而余亦之之稔[15]也。侯方下车[16]，即先事拓城，有既济之豫，而铜仁征记，不忘侯于既去，有甘棠[17]之思，均可嘉尚[18]。故不辞，而为之记。

【注释】

［1］夥：多。

［2］夷衍："衍夷"的倒置，意为广平。

［3］属：古同嘱，即嘱咐，托付。

［4］弓：丈量土地的计量单位，一弓为五尺，三百六十弓为一里。

［5］既廪：古代官府发放的给养。

［6］昕夕：朝暮，终日。

［7］羡：有余，剩余。

［8］诖误：贻误、连累。

［9］城郎：即在郎建城。《左传·隐公元年》记载，夏四月，鲁国大夫费伯率领军队在郎这个地方建城池。

［10］洙：即洙水，古水名。源出今山东新泰东北。孔子死后便葬于曲阜城北洙水旁，由此，后世也将孔子的学说称作“洙泗之学”。

［11］膺荐：承蒙推荐。

［12］明罚：严明处罚。

［13］留都：古代王朝迁都后，旧都仍置官留守，称之为“留都”。

［14］诡随：即虚伪欺诈。

［15］稔：熟悉，稔熟。

［16］下车：语出《礼记·乐记》“武王克殷，反商，未及下车，而封黄帝之后于蓟”，后称初即位或到任为“下车”。

［17］甘棠：木本名，即棠梨。

［18］嘉尚：赞美，赞许。《宋史·理宗记》：“将士用命，深可嘉尚。”

【推荐阅读】

［1］《铜仁地区通志》编纂委员会：《铜仁地区通志》，北京：方志出版社，2015年。

［2］万士英：《铜仁府志（万历）》，长沙：岳麓书社，2014年。

［3］刘新华：《〈铜仁府志〉注》，德宏：德宏民族出版社，2014年。

［4］贵州省铜仁市地方志编纂委员会：《铜仁市志》，贵阳：贵州人民出版社，2003年。

［5］赵广超：《不只中国木建筑》，北京：中华书局，2018年。

［6］麻勇斌：《贵州苗族建筑文化活体解析》，贵阳：贵州人民出版社，2005年。

［7］王杰泓：《艺术概论》，北京：首都经贸大学出版社，2008年。

【思考题】

1. 铜仁建筑的地域文化特征是什么？
2. 谈谈如何提高对建筑美的鉴赏水平？